© Copyrigth 2016 Lothar Röhrig
Herstellung und Verlag:
BoD – Books on Demand, Norderstedt
ISBN 978-3-7412-2667-0
Lektorat: N. Hasse

Lothar Röhrig

Anna
dreht sich nicht um

**Beziehungen ohne Gewalt
Ein Weg vom Haben zum Sein**

Okay, dann benehmen wir uns eben wie Primaten!

Anna steht verärgert im Wohnzimmer und schimpft in Richtung ihres Mannes: „Okay, dann benehmen wir uns eben wie Primaten."

„Soll das heißen, ich verhalte mich wie ein Affe, oder wie meinst du das jetzt wieder?", erregt sich Hans unangemessen laut.

„Ja genau, das meine ich. Wenn wir immer nur unsere Machtkämpfe austragen, unterscheiden wir uns doch nicht von unseren Verwandten."

„Weißt du überhaupt, wie Affen sich verhalten?"

„Ja natürlich, genau wie du eben!"

Jetzt ist er beleidigt und sagt vorläufig nichts mehr, ihr geht es genauso. Es hat wieder einmal „funktioniert". Sie weiß genau, jetzt werden sie sich für einige Stunden anschweigen. Diese Situation ist typisch. Nachher tut es beiden leid, aber immer wieder geschieht so etwas. Aus einer harmlosen Situation entsteht Streit, das Klima wird vergiftet. Die in den ersten Jahren ihrer Ehe vorherrschende Harmonie ist nicht mehr vorhanden. Klar, sie lieben sich immer noch, aber etwas hat sich verändert. Hans ist nicht mehr so aufmerksam wie früher, belehrt sie häufig über alltägliche Dinge und kritisiert ihr Verhalten. Das war früher anders. Es trifft sie jedes Mal tief in ihrem Innern. Diese kleinen Wunden und Schmerzen vergiften ihr Gefühl und machen sie unsicher und unzufrieden. Zurzeit wird ihre Unzufrieden noch verstärkt. Mit viel Mühen hatte sie sich in den letzten Jahren auf einen neuen Weg begeben. Ziel ist eine Loslösung von der üblichen fremdgesteuerten Konsum- und passiven Habenphilosophie. Dazu hatte sie schon erfolgreich die Bedeutung von Handy und PC und andere Dinge des Besitzes eingeschränkt und sich ein gutes Stück weit befreit. Sie spürt genau ein

Nachlassen der Abhängigkeit, eine Verringerung einer gewissen Unersättlichkeit und Entmündigung. Alles hat sich verbessert. Nun will sie sich dem produktiven Schwerpunkt „Sein" und der Entfaltung eigner Fähigkeiten nähern mit Selbstsein und Selbstwirksamkeit. Dazu hat sie die schönsten Gedanken und Einzelheiten parat. Es stört sie sehr und lässt sie verzweifeln, dass ihr diese großen Schritte einigermaßen gelingen, aber die alltäglichen Kleinigkeiten in Beziehungen, in der Kommunikation, im Streit und bei Kränkungen nicht wirklich gut funktionieren. Sie spürt deutlich, dass sie das so nicht will. Ihr ist vollkommen klar, dass sie mit den Alltagsdingen beginnen muss und dass es sonst nicht wirklich weiter geht. Deshalb soll das vorgezogen werden. Außerdem wird Hans auf das Thema Primatenverhalten zurückkommen. Er wird sich wie immer informieren und sich mit ihr darüber austauschen wollen. Sie will dann nicht unwissend, möglicherweise gekränkt sein. Sie möchte nicht wieder belehrt werden und informiert sich auch über das Verhalten von Primaten. Sie liest:

Wie verhalten sich Primaten? Primaten bevorzugen kleine Gruppen. Die Mitglieder der Gruppe, im Schnitt bis zu 10, bilden sogenannte Rangreihen, also Affe 1 bis Affe 10. Das heißt, dass sie sich sowohl ihrer Stellung in der Rangfolge als auch der Position der höher gestellten Gruppenmitglieder bewusst sind. Streit gibt es sehr selten und wenn nur in Rangnähe. Es genügt eine Drohung, um klarzumachen, wer höher steht. Normalerweise halten sich alle an die einmal festgelegte Reihenfolge. Das Ergebnis ist eine Aggressionslosigkeit für eine bestimmte Zeit und in der aktuellen Situation eine genaue Gewaltkontrolle. Die Regeln werden eingehalten.

Je höher aber der Rang ist, um den gekämpft wird, desto größer ist die Wahrscheinlichkeit einer neuen Auseinandersetzung. Dabei kommt es jedoch sehr selten zu einem körperlichen Angriff, da die Verletzungsgefahr ein zu hohes Risiko für den angestrebten Erfolg bedeutet, nämlich die eigenen Gene weiterzugeben, also für die Genfitness. Drohungen, Imponiergehabe und Zurechtweisungen reichen daher normalerweise aus und verhindern das in den meisten Fällen. Themen der Auseinandersetzungen sind Futter oder Fortpflanzung. Dieses soziale Verhalten zeigen auch andere Lebewesen, wie z.B. die Haushühner. Mit einer Art Hackordnung sorgen sie für geregelte Abläufe.

Anna denkt: „Das ist ja alles schön und gut, aber was hat das mit mir und den Menschen zu tun, insbesondere mit Hans und mir? Welche Verhaltensweisen sind gemeint? Bei uns geht es nicht bloß um Genfitness, sondern um Lebensplanung. Und natürlich auch darum, wer aktuell Recht hat." Sie liest weiter:

Der Großteil der Menschen lebt ebenfalls in solchen Rangordnungen. Nahrung zu sichern und Gene weiterzugeben ist zwar nach wie vor wichtig, doch das genügt dem modernen Menschen nicht mehr. Er sucht ständig nach Möglichkeiten, um in den ersten Rängen mitzuspielen.
Das Ergebnis ist eine unüberschaubare Zahl von anderen Rangreihen, in der Nachbarschaft, im Freundeskreis und auf der Arbeit. Dadurch entstehen neue Fragen. Wer sieht am besten aus? Wer

wird vom Chef am meisten geachtet? Wer kann sich am meisten erlauben? Wer ist der Attraktivste, der Coolste? Jeder ist frei darin, sich Rangreihen einzubilden. Diese müssen nicht unbedingt der Realität entsprechen. Es genügt, daran zu glauben. Völlig unsinnig wird es dadurch, dass diese Rangreihen nicht mit den Mitmenschen abgestimmt werden. Anders als in der Natur wissen die Mitmenschen jedoch häufig nicht, um welche Ränge es gerade geht, kennen das Thema nicht und können sich aus diesem Grund nicht darauf sinnvoll einstellen. Missverständnisse, Kränkungen und vor allem Aggressionen nehmen somit automatisch zu. Oft ist den Streitenden nicht einmal bewusst, warum es gerade „knallt." Die natürlichen Vorteile haben sich für die menschliche Rasse in massive Nachteile verwandelt.

Das ist auch in Annas Ehe ähnlich. Sie ist nun schon zwei Jahre verheiratet. Die ersten Monate waren extrem schön, sie hatten viel Spaß und konnten das Zusammensein sehr genießen. Ihre Situation war so erfüllend, wie sie es sich es immer vorgestellt hatte.
Doch ohne erkennbaren Grund verschlechterte sich die Situation immer mehr: Häufig kam es nun zu Streit wegen Kleinigkeiten. Im Nachhinein versteht Anna dann nicht, warum sie sich wegen solcher Unwichtigkeiten überhaupt streiten konnte.
Einmal ist es die Zahnpastatube, die Hans immer in der Mitte zusammendrückt und damit verunstaltet, ein andermal die Abstimmung für das Wochenende. Beide werfen sich gegenseitig vor, bestimmen zu wollen oder mit allem unzufrieden zu sein. Sie versteht nicht, warum die schöne Zeit von einer getrübten abgelöst wird.

Sie kann sich noch gut an die Zeit des Kennenlernens erinnern. Da waren auch schon Kleinigkeiten, die sie jeweils am anderen nicht unbedingt mochten, aber das war ohne jede Bedeutung. Damals war alles schön. Das Große und Ganze stimmte.
Jetzt bekommen diese ehemals unwichtigen Kleinigkeiten eine immer größere Bedeutung. Es ist so, als würde man eine Lupe zu Hilfe nehmen, um möglichst alles genau mitzubekommen und um alles groß und bedeutend wahrzunehmen. Aus Unwichtigem wird langsam Unerträgliches:
„Wie häufig habe ich dich schon gebeten, deine Socken nicht auf den Boden zu werfen? Bekommst du das gar nicht mit?"
„Du hast vielleicht Probleme, du hast wohl Langeweile. Du solltest mal meine Arbeit machen."
Besonders nervig findet sie, wenn Hans sie belehren will, wenn er ihr erklärt, wie sie alles richtig machen sollte. Ihr Ton ändert sich dann sofort und wird feindselig.
Die Versuche, den Partner zu belehren, auch zu drohen und verbale Gewalt anzuwenden, zu dominieren, zu sagen, was anders gemacht werden soll, nehmen auf beiden Seiten zu. Sie vernichten langsam aber sicher die Reste der Zuneigung.
„Dafür ist die Beziehung zu wertvoll und die Liebe zu schön und zu erfüllend", denkt sie. Die nächsten Wochen verbringt Anna nun häufig damit, nach Lösungen zu suchen. Bestätigungen und allgemeine Ratschläge findet sie genug. Hans meint, dass ihre Situation normal sei, dass es anderen auch so gehe. Es gebe eben immer Missverständnisse, häufig ohne jede Absicht. Um das zu bekräftigen, erzählt er dieses Beispiel:

Zwei junge Männer leihen sich ein Cabrio und fahren fröhlich einen Berg hinauf. Ihnen kommt eine attraktive Blondine ebenfalls in einem Cabrio entgegen. Hocherfreut zeigen die beiden ihre Kontaktfreudigkeit. Als sie auf gleicher Höhe sind, schreit die Frau: „Schweine!"
Beide sind entsetzt, erschrocken und anschließend sehr verärgert. Sie unterhalten sich und schimpfen, was sie doch für eine Schlampe sei. Sie biegen um die nächste Kurve und verunglücken, als sie in eine Rotte von Schweinen hineinrasen.

Haben sie damit den Grund für die Verschlechterung in ihrer Ehe gefunden? Handelt es sich lediglich um ein Kommunikationsproblem?
Hans meint scherzhaft: „Wenn die Frau sich klar ausgedrückt hätte, wäre das nicht passiert."
Annas Stimmung schlägt um, und sie schreit ihn an: „Das ist typisch, du meinst auch immer, dass die anderen Schuld haben."
Wieder ist die Stimmung vergiftet, beide sind erschrocken, entsetzt und haben hinterher ein schlechtes Gewissen. Sie sind traurig. Warum muss das immer so sein? Gibt es denn keine Lösung?
Anna will so nicht weitermachen. Mit anderen darüber zu reden ist ihr peinlich. Sie weiß nicht, an wem oder an was es liegt. Sie liest alles, was sie über dieses Thema finden kann. Doch sie findet keine für sich anwendbare Lösung. Allgemeine Ratschläge helfen ihr nicht. Langsam sinkt ihr Mut, und ihr Wille, etwas zu ändern, schwindet. Diese Entwicklung macht sie noch unglücklicher und verzweifelter. Ängstlich denkt sie: „Geht alles so zu Ende? Soll das so weitergehen? Werden wir uns vielleicht auch

bald trennen wie unsere Freunde?" Das will sie nicht.
Eine völlig unerwartete Änderung tritt bei einer Feier ein. Viele Bekannte und Verwandte sind zu einer Hochzeitsfeier versammelt. Anwesend ist auch Peter, ein guter Freund aus Studienzeiten. Sofort verstehen sie sich so gut wie früher. Beide freuen sich und unterhalten sich vertieft und angeregt. Mit vielen guten Gefühlen erinnern sie sich an gemeinsame Erlebnisse, lachen häufig und können die alten Geschichten gar nicht genug ausschmücken. Doch nach einiger Zeit geht ihnen der Erinnerungsstoff aus, und die Gegenwart bekommt mehr Bedeutung. Peter ist mittlerweile Therapeut geworden.

Innerlich bewegt und von einem warmen, sicheren Gefühl geleitet, entschließt Anna sich, ihr Problem zu schildern. Peter hört still zu, lächelt zwischendurch, als würde er die Inhalte gut kennen. Nach einigen Nachfragen sagt er: „Das ist heute sehr häufig bei Paaren so. Die Problematik ist bekannt und ausführlich untersucht. Veränderungen sind möglich, erfordern jedoch zunächst einige Kenntnisse über das dahinterliegende Beziehungssystem und anschließend viel disziplinierte Arbeit."
Erschreckt denkt Anna: „Erst lernen und dann noch viel arbeiten?"
Peter fährt fort: „Dann kann daraus wieder eine erfüllende Beziehung und eine außergewöhnliche Tiefe erwachsen, sogar häufig tiefer und besser als zuvor."
Natürlich will Anna mehr wissen und die notwendige Arbeit gern investieren. Dazu ist sie jetzt bereit, ist neugierig und voller neuer Hoffnung und vereinbart mit Peter gleich einen ersten Gesprächstermin, an

dem zunächst Ursachen und Zusammenhänge geklärt werden sollten. Er erklärt:

Der Wunsch nach einer erfüllenden Partnerschaft ist zutiefst menschlich, psychisch notwendig und basiert auf einer sehr persönlichen Vorstellung von einer solchen Wunschbeziehung. Dieses *Idealbild* ist natürlich nicht bei allen Menschen gleich. Möglicherweise haben die Partner ganz unterschiedliche Vorstellungen. Solche Unterschiede genügen für ungewollte Missverständnisse, Enttäuschung, Frust und Verärgerung.

Das will Anna nun genauer wissen und fragt: „Wie kann ich das denn mit Hans bearbeiten?" Peter lacht und sagt: „Ihr müsst darüber sprechen!"
„Aber das tun wir sehr häufig, und es endet beinahe immer in Streit."
Peter schlägt vor, sie solle einmal so mit ihm *sprechen, als sei er Hans. Anna fängt nach kurzem Zögern an und schildert, was Hans ihrer Meinung nach falsch macht, was sie sich anders wünscht und wie es für sie richtig wäre.*
Peter alias Hans relativiert, schwächt ab, rechtfertigt sich und trägt anschließend ähnliche Dinge vor, die ihm nicht passen. Anna verliert etwas Farbe aus dem Gesicht, wird sauer und um einiges lauter: „Siehst du, es ist genau wie immer, du weißt alles besser!"
Peter bricht das Rollenspiel ab und fragt: „Was ist denn da gerade passiert?"
„Du hast genau wie Hans reagiert."
„Ja, ja, aber was habt ihr gemacht?"
Es dauert nicht lange, dann ist Anna klar, dass sie sich gegenseitig Vorwürfe gemacht hatten und nicht *aufeinander eingegangen waren. Jeder hatte nur*

seine eigenen Sachen bearbeitet. So kann das natürlich nicht funktionieren.
Anna erkennt auch ziemlich schnell, wie das geändert werden kann. Sie könnten beispielsweise ihre Kommunikation verbessern[1], mit Hans zusammen solche Gespräche erlernen oder mit therapeutischer Hilfe Veränderungen herbeiführen. Natürlich bedeutet das viel Arbeit.
„Du kannst in Ruhe deine nächsten Schritte überlegen und dich entscheiden. Du kannst mit Hans sprechen und versuchen, ihn zum Mitmachen zu bewegen. Vorher solltest du dir etwas Wissen über Beziehungsarten und über die verschiedenen Vorstellungen von erfüllender Liebe aneignen", sagt Peter und erklärt weiter:

Bei einem Versuch, die Unterschiede zwischen den Vorstellungen von Liebe und Beziehung bei Männern und Frauen herauszufinden, stellten sich relativ unabhängige Bereiche heraus, nämlich fünf unterschiedliche Sprachen der Liebe[2].

1. Lob und Anerkennung
2. Zweisamkeit – die Zeit mit dir
3. Geschenke, die von Herzen kommen
4. Hilfsbereitschaft
5. Zärtlichkeit

Erste Anwendungen zeigen, dass diese fünf Bereiche von Männern und Frauen sehr verschieden wichtig genommen werden. Aufgrund ihrer unterschiedlichen Erfahrung und erworbenen Haltung

---
[1] Wird später noch genauer betrachtet.
[2] Gary Chapman, Die fünf Sprachen der Liebe, Verlag Francke

haben Ehepartner häufig unterschiedliche Vorlieben, Schwerpunkte und Erwartungen. Wenn sie das voneinander nicht wissen, ist eine Erfüllung der Beziehung auch bei guter Absicht gar nicht möglich. Sie reden, leben und kommunizieren mehr oder weniger aneinander vorbei, ärgern und enttäuschen sich gegenseitig. Nicht selten kommen dann die ersten Zweifel über die Liebe auf. Zuerst müssen wir deshalb in Erfahrung bringen, was unserem Partner wichtig ist. Wenn man wirklich Nähe und Tiefe in einer Beziehung herstellen will, muss man die Bedürfnisse des anderen gut kennen lernen. Man kann Wut, Aggression oder Enttäuschung und Trauer aus der Vergangenheit nicht ungeschehen machen, aber als Teil der bisherigen Lebensgeschichte bewusst akzeptieren. So war es eben bisher. Liebe führt kein Buch über die Missetaten des Partners. Vergebung ist deshalb kein Gefühl, sie ist eine bewusste heilsame Entscheidung. Wenn wir einander lieben wollen, müssen wir zunächst wissen, was der andere benötigt und sich wünscht.

Anna ist bereit, an ihrer Beziehung zu arbeiten. Peter gibt ihr einen Fragebogen[3] mit. „Wenn ihr beide den ausgefüllt habt, könnt ihr eure persönlichen Schwerpunkte erkennen. Dann müsst ihr nur noch darüber sprechen, aber nicht über das, was früher war, sondern darüber, was ihr aktuell unter Liebe versteht und was ihr konkret in der nächsten Zeit tun könnt." Anna verspricht, mit konkreten Ergebnissen

---

[3] Kann kostenlos als Datei angefordert werden: roehrig-ivt-hamm@helimail.de

wiederzukommen und bedankt sich, innerlich aufgewühlt und voller Hoffnung.

Ihre Angst, Hans könnte nicht mitmachen, ist völlig unbegründet. Sehr zügig füllen sie schon am nächsten Abend den Fragebogen aus und betrachten gemeinsam die Ergebnisse. Es macht Hans sogar Spaß.
Peter hatte Recht, sie haben ziemlich verschiedene Vorstellungen von einer liebevollen Beziehung. Hans hat einen deutlichen Schwerpunkt bei Lob/Anerkennung und bei Zärtlichkeit, sie bei Gemeinsamkeit, Zärtlichkeit und Hilfsbereitschaft. Also sind sie doch sehr unterschiedlich in ihren Erwartungen. Nur Zärtlichkeit ist für beide anscheinend gleich wichtig. Als sie darüber diskutieren, was sie beide hier mehr und besser machen könnten, stellt sich zusätzlich heraus, dass Anna dabei auf mehr Körperkontakt, Streicheln und Wärme Wert legt, Hans aber sehr stark auf Sex fokussiert ist.
In den nächsten Tagen brauchen sie mehrere Versuche, bis sie eine gemeinsame Formel finden, die sie erfolgreich ausprobieren. Als sie die anderen, noch fehlenden Bereiche mit einbeziehen, findet ihre Ehe zu einer anderen, aber ähnlich tiefen Erfüllung zurück, wie es in den ersten Monaten war.
Anna ist sehr dankbar, berichtete Peter von dem tollen Erfolg und willigte ein, einen kleinen Erfolgsbericht mit den konkreten Vereinbarungen zu verfassen:

> Wir haben zunächst eine Liste angelegt mit den Wünschen und Schwerpunkten von uns beiden. Vorgenommen haben wir uns auf die individuellen Wünsche des Partners genauer einzugehen, täglich Zeit für einen Gedankenaustausch einzuhal-

ten, in dem ein bis drei Erlebnisse des Tages und die damit verbundenen Gefühle ausgetauscht werden und einmal in der Woche, am Mittwoch, wenn wir in die Sauna gehen, darüber zu sprechen, wie es uns gelungen ist, alles einzuhalten oder was noch zu verbessern wäre. So können wir dann unsere Erfolge sehen und weiter bearbeiten. Andere Themen sind dann nicht zugelassen, weil sie ablenken.

Peter spart wegen dieser Fortschritte nicht mit Lob. Er findet die gefundenen Punkte ausgesprochen gelungen und vielversprechend. Er meint, wenn sie diese Absprachen einhalten, könne so schnell nichts mehr passieren. Anna hingegen, natürlich einigermaßen stolz auf das Geleistete, fragt hoch motiviert trotzdem nach mehr. So ist sie, einmal Feuer gefangen, will sie das Eisen schmieden, solange es heiß ist.
Peter beschwichtigt, doch er kennt Anna gut genug von früher. Sie würde sowieso nicht locker lassen, so war sie schon immer. Also ergänzt er die bisherigen Arbeitsschritte mit einem neuen Thema, das gut dazu passen könnte. „Da ihr das alles so gut hinbekommt, könntet ihr noch jeweils eine Liste anlegen von den Vorzügen des anderen und auch darüber sprechen."

Anna findet das erst nach einigem Nachdenken gut. Beschwingt und getragen von den schönen Erfolgen wird die Liste aber schon beim nächsten Saunaabend erstellt und mit den schönsten Gefühlen gegenseitig vorgestellt. Auch der darauf folgende Liebesabend ist von einer so erfüllenden Tiefe, dass Anna noch am nächsten Tag, wenn sie daran denkt, den Freudentränen nahe ist.

„Streit, Enttäuschung, Wut und Aggression haben nun ein Ende. Das Ziel unserer Liebe ist nicht, nur die eigenen Wünsche erfüllt zu bekommen, sondern zum Wohlergehen des Partners beizutragen. Das tut auch mir gut, das spüre ich genau. Ich tue dann auch etwas für mich und verschenke etwas von mir und meinem Leben. Wichtig ist Zuwendung, Wachsamkeit und ungeteilte Aufmerksamkeit."

Glück ist, zu lieben! Geliebt zu werden ist selbstverständlich auch angenehm und wichtig. Die Wirkung ist aber eine andere. Es macht eher zufrieden, was auch nicht unwichtig ist, aber lieben macht vermutlich glücklicher.
Es verstreichen einige Monate voller Harmonie und Nähe. Privat steht alles zum Besten. Sie fühlt sich voller Energie und Tatendrang. „So kann es bleiben", denkt sie. Ihre Bekannten bekommen das Stimmungshoch mit und wissen nicht, ob sie neidisch oder misstrauisch sein sollen.
Zu dieser Zeit weiß Anna allerdings noch nicht, was noch alles passieren wird. Denn so wird es nicht bleiben.

Es ist erstaunlich, wie deutlich sie jetzt ihre alten Verhaltensweisen in der Vergangenheit sieht. Da gab es unnötigen Ärger, Kränkungen mit Wut, verbaler Gewalt und Aggression. Sie denkt häufig, wie unnötig das alles war und wie wenig das zum Menschen als „Krone der Schöpfung" passt. Sie erinnert sich an den vergangenen Streit, bei dem sie Hans beschuldigt hatte, sich wie ein Primat zu benehmen. Diese alten Verhaltensweisen fallen ihr jetzt sehr stark in ihrer Umgebung auf. Sie tauchen an allen Stellen auf. Unglaublich, dass das so häufig und so krass vorkommt. Warum sind die Menschen nur so?

Die zuvor gewonnene Erkenntnis, dass Glück mit Liebesfähigkeit verbunden ist, hat bei ihr eine neue Einstellung zu anderen Menschen verursacht. Sie ist nun grundsätzlich bereit, anderen liebevoller entgegenzutreten. Umso schmerzhafter ist jetzt die Beobachtung der Realität, die Erkenntnis, wie schwer es werden wird. Missverständnisse und Streit sind so etwas wie der Normalfall.

Einfluss gibt es auch im Beruf
Besonders fällt es in ihrem Beruf auf. Primatenverhalten kommt häufig vor, und die Natur mit ihren Rangkämpfen kann sehr dominant sein. Der Mensch kann nur mit viel Mühe und Zielstrebigkeit über seine Kultur und Erziehung Verbesserungen und für Menschen tauglichere Verhaltensweisen erlangen. Es geht also um den „normalen" Gegensatz zwischen Natur und Kultur oder um Biologie und solidarische Fürsorge, letztlich um menschenwürdiges und menschengerechtes Verhalten.

Erst gestern hatte Anna ein dazu passendes Erlebnis. Sie diskutierte am Rande des Schulhofes in ihrer Rolle als Sozialarbeiterin der Stadt mit dem Kontakt- und Bezirksbeamten der Polizei und mit dem Schulleiter über einen unangenehmen Vorfall. Zwei Schüler hatten einen anderen zusammengeschlagen und auf dem Boden liegend mit Fußtritten bearbeitet. Andere Schüler versuchten vergeblich zu schlichten. Erst der herbeigeeilte Sportlehrer konnte die Sache beenden. Einer der „ausgeflippten" Schüler war so aggressiv, dass er wie von Sinnen um sich schlug und auch den Lehrer angriff. Erst nach ca. zehn Minuten konnte er sich auf ein Normalmaß beruhigen.

„Es kommt immer häufiger vor, dass Grenzen nicht mehr eingehalten werden", meinte Anna. *„Ja, da ist ein kühler Kopf, Autorität und Macht notwendig, wie hier z.B. durch den Sportlehrer"*, bekräftigte der Schulleiter. *„Leider nimmt diese Gewalt immer weiter zu"*, sorgte sich der Polizeibeamte und schüttelte missbilligend den Kopf. *„Das ist alles für mich ziemlich hoffnungslos. Selbst der kürzlich gegründete ‚Runde Tisch gegen Gewalt' hat praktisch so gut wie nichts erreichen können."*
Nach einer kurzen Pause voller Ratlosigkeit meinte Anna: „Die ansteigende Gewalt in unserer Gesellschaft beunruhigt mich auch sehr. Ich habe Bedenken, dass sich alles in eine gefährliche Richtung entwickelt."
„Das sehen wir hier in der Schule auch so", bekräftigte der Schulleiter. „Wir schicken den Eltern jedes neuen Schülers deshalb eine Art Vertrag, in dem wir auf gewaltlose Erziehung bestehen."
Anna wollte ruhig bleiben, sie spürte aber deutlich, dass sie immer wütender wurde. „Erziehung ohne Gewalt gibt es eigentlich gar nicht, das ist eine typische Verharmlosung!" Das klang nicht so friedfertig, wie sie beabsichtigt hatte. Bevor der Schulleiter aber etwas verärgert antworten konnte, nutzte der Polizist die Gelegenheit zur Beschwichtigung und schlug vor: „In den Gesprächen, die ich mitbekomme, wird über Gewalt, Macht und Aggression sehr unterschiedlich diskutiert. Die verschiedenen Worte werden ungleich benutzt. Ich glaube, vielen ist nicht klar, wie sich die Inhalte hinter den Worten unterscheiden und welche Besonderheiten jeweils vorliegen und beachtet werden müssten. Das erschwert eine sinnvolle Diskussion und verhindert vor allem praktikable Lösungsansätze. Häufig wird so anei-

nander vorbei geredet. Wir sollten hier vielleicht für mehr Klarheit und Eindeutigkeit sorgen."
Anna stimmte zu. Um sich zu verstehen, müssen die Begrifflichkeiten klar sein. Sie dachte einen Moment nach und überprüfte, was sie über diese Begriffe wusste. Sie erkannte, dass sie die Bedeutungen auch nicht klar unterscheiden konnte. Wie es ihre Art ist, sucht sie zuhause nach einer Unterlage, die das klärt.

Macht bezeichnet lediglich ein Potential, eine Möglichkeit, Einfluss auszuüben. Das kann mit Geld zu tun haben, mit Größe oder körperlicher Stärke. Auch gute Beziehungen bieten Machtmöglichkeiten. So können einzelne Menschen Macht haben, aber auch Organisationen, wie die Polizei, Konzerne und Staaten. Diese Macht muss nicht tatsächlich vorhanden sein. Es genügt, wenn andere daran glauben. *Macht macht nichts*, wenn sie nicht genutzt wird. Es hält andere Menschen allerdings in einem gewissen Umfang von Provokationen ab. Einen mächtigen Gegner attackiert man so schnell nicht. **Gewalt** in diesem Sinne ist aber ein aktives Verhalten. Sie wird benutzt, um zu beeinflussen und Wirkung auszulösen. Ziel solcher Gewalt ist, andere zum Unterlassen oder zu einem bestimmten Verhalten zu zwingen. Sie kommt extrem häufig vor, stellt aber nur eine kleinere Teilmenge der Macht dar (siehe Skizze).

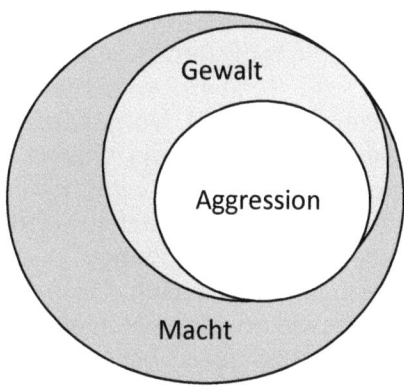

Wiederum ein kleinerer Teil dieser Gewalt tritt in Form der **Aggression** auf. Sie hat ähnlichen Inhalt. Das *Ziel* ist aber jetzt neben Verhaltensbeeinflussung, einen Kampf zu gewinnen, zu dominieren, den anderen zu unterwerfen, zu verletzen oder zu schädigen.[4]

Aggression ist meistens gemeint, wenn von zu viel „Gewalt" geredet wird. Das verschleiert die tatsächlichen Ziele und verharmlost die Motive. Die große Menge an Gewalt und Aggressionen in der heutigen Zeit wird leider unterschätzt. Mittlerweile ist der größte Teil unserer Sprache gewaltorientiert oder sogar aggressiv. Das drückt sich besonders in unserer „normalen" Alltagssprache aus. Möglicherweise fällt es nicht auf, weil wir damit aufgewachsen sind und uns daran gewöhnt haben. Erst bei genauem Hinsehen und Analysieren bekommt man einen Schreck, wie viel Gewalt tatsächlich

---

[4] Reaktiv dient sie auch der „natürlichen" Verteidigung. Der Mensch ist aber leider aus verschiedenen Gründen um ein Vielfaches aggressiver und grausamer als es die „Natur" vorgesehen hat.

enthalten ist. Es ist die Gewalt der Eltern, die ihre Kinder zu bestimmtem Verhalten anhalten. Es sind die Schulen, die Schülern vorschreiben, was zu tun ist. Polizei, Finanzamt, Vorgesetzte, Eheleute, alle wenden in diesem Sinne Gewalt an. Selbst wenn jemand festgehalten wird, um vor einem herannahenden Auto beschützt zu werden, ist das eine Form der Gewaltanwendung.

Aber bereits hier wird deutlich: Gewalt kann auch etwas Gutes bewirken, einen Nutzen für die betroffenen Personen haben. *Ist es schlimm, wenn ich meine kleine Tochter gegen ihren Willen zwinge, eine Zahnspange zu tragen?* Sie wird mir das für längere Zeit möglicherweise sehr übel nehmen, um vielleicht nach Jahren genau dafür Dankbarkeit zu empfinden.

Es scheint also Gewaltanwendung zu geben, die akzeptiert werden kann. Daher gibt es gute und schlechte, legale und illegale Gewalt. Lehrer z.B. dürfen und sollen für Ordnung sorgen und gegen den Willen der Schüler Hausaufgaben aufgeben und Zensuren verteilen, das ist aus heutiger Kultursicht legale Gewaltanwendung.

Anna erkennt, dass bei diesen Definitionen die Menge der Gewalt ungeheuer groß ist. Besonders trifft sie der Gedanke, dass jede Erziehung mit Gewalt verbunden ist. Mit einigem Schrecken wird ihr klar, dass Widerstand der Kinder gegen solche Versuche völlig normal sein muss, dass nur die Erzieher ihn als Ungehorsam, Uneinsichtigkeit und Störung empfinden, also auch hier ein Missverständnis. Möglicherweise sind die Kinder bloß gesund und verhalten sich natürlich.

Das Thema kam damals auch in ihrer Ausbildung vor. Sie hatte sich sogar ein Buch über gewaltfreie Erziehung[5] gekauft, es aber nur angelesen. Damals hatte es keinerlei Bedeutung für sie gehabt. Die Fachleute hatten sich zum Teil sogar darüber lustig gemacht.
Nun aber erkennt sie Zusammenhänge an vielen Stellen des Alltags. Die Zeit ist wohl jetzt erst reif für neue Einsichten. Allerdings dürfte es sehr schwierig werden, andere davon zu überzeugen. Sie weiß, die Menschen sind auf diesem Gebiet nur schwerlich zu beeinflussen. Ermahnungen und Appelle bringen nichts. Manchmal reagieren sie aber auf besonders gute Modelle und Vorbilder. Anna achtet deshalb sehr auf ihr eigenes Verhalten. Die Menschen in ihrer Umgebung jedoch ändern ihr Verhalten so schnell nicht.
Leider ist es ja so, dass man nur das sehen kann, was man kennt, und das mit der unnötigen und überflüssigen Gewalt erkennt sie erst jetzt. Doch wenn sie es anderen erzählen oder zeigen will, stößt sie auf sehr wenig Interesse. Nicht nur auf der Straße, in der Schule oder innerhalb ihrer Arbeit ist so schnell keiner bereit, Konsequenzen zu ziehen und irgendetwas zu ändern. In nahezu allen Beziehungen sieht sie unnötige Gewalt. Immerhin ist das häufig bloß auf die Sprache beschränkt. Sogar beim „Runden Tisch gegen Gewalt", an dem sie regelmäßig teilnimmt, ist es nicht anders. Auch hier herrscht oft ein gewalttätiger Ton des Besserwissens oder der Gleichgültigkeit, der andere verletzen kann. So krass hat sie das früher nicht wahrgenommen, diese Dimension nicht bemerkt.

---

[5] A.S. Neill, Das Prinzip Summerhill , 1960, 1986

Deshalb wundert es sie nicht, dass sie auch innerhalb ihrer eigenen Partnerschaft diese verunglückte Form der Kommunikation bemerkt. Dort tut es ab sofort sogar immer mehr weh. Immer öfter fallen ihr die vielen Gespräche ohne Inhalt oder mit völlig unnötigem Dominanzverhalten und Gewaltversuchen auf. Von Monat zu Monat wird sie empfindlicher gegen unnötige und unsinnige Gewalt in der Kommunikation. Sie reagiert darauf nicht mehr wie alle Mitmenschen, sondern ist sehr schnell entsetzt, traurig und abweisend. Sie sucht dann eine größere Distanz. Das passt aber nicht zu ihren Aufgaben, irritiert ihre Bekannten und lässt ihren Mann manchmal verzweifeln. Er glaubt fest an eine weibliche Überempfindlichkeit und versucht ihr das auszureden.
Aber was ist „ausreden"? Es ist nichts anderes, als sich über einen anderen Menschen zu stellen, es besser zu wissen und jemanden verändern zu wollen, und damit ist es auch eine Form von Gewalt.
Die Bekannten sind mittlerweile eher verunsichert. Manche meinen, sie wäre „schwieriger" geworden. Was macht man mit schwierigen Menschen? Man versucht, sie zu meiden. Dabei hat sie doch nur eine Sehnsucht nach wirklicher Nähe, nach Wertschätzung und Akzeptanz.
Annas Stimmung schwankt in aktuellen Fällen zwischen Gleichmut, Traurigkeit und Verzweiflung. Ihr Leben leidet zeitweise sehr darunter. Seit ihr die Gewalt in der Kommunikation auffällt, ist es nicht mehr so einfach wie früher. Gefühlsmäßig ist es sogar viel schwieriger geworden, obwohl sie genau weiß, dass sich vieles zum Besseren entwickelt hat. Das erschöpft sie sehr. In ruhigen Stunden denkt sie traurig an ihre alten Lebenspläne und schönen Träume und vermisst diese Dinge umso schmerzli-

cher. Manchmal glaubt sie, wie durch einen Schleier Anfänge von neuen Wegen zu sehen. Da ist etwas, aber sie kann die Bilder nicht scharf stellen und den dünnen Nebel lichten. Das ist natürlich genauso frustrierend. Halt gibt ihr in dieser Zeit ihre gut funktionierende Beziehung zu Hans. Wenn es mit ihm geht, müsste es doch auch außerhalb funktionieren. Aber wie? Anna ist ratlos.

Da liest sie eine Anzeige in der Tageszeitung. Es soll ein Vortrag über zunehmende Gewalt stattfinden. Ihr Mann Hans will nicht mitgehen. Er teilt ihre Begeisterung überhaupt nicht: „Das zieht dich doch nur noch mehr runter. An normaler Gewalt kann man nichts verändern!" Ihrer Freundin Petra ist es auch nicht wichtig genug. Etwas verunsichert, aber voller Hoffnung auf neue Erkenntnisse, geht sie allein.

Der Redner, ein hoher Polizeibeamter, klärt zu ihrem Erstaunen zuerst die Begriffe „Macht", „Gewalt" und „Aggression", stellt dann die Frage, die sie zur Genüge schon viele Male selbst beantwortet hat: Benötigt Erziehung Gewalt und Aggression? Er referiert:

Die Polizei soll die Staats**gewalt** vertreten. Die Abgeordneten erlassen Gesetze über Gewaltanwendung, die dann laut Definition vom Volk ausgehen. Sie üben in diesem Sinne legitime Gewalt aus. Dürfen aber Eheleute untereinander, Mitschüler, Vorgesetzte oder die Kirche Gewalt anwenden? Sie tun es täglich. Mit dieser sehr entscheidenden Frage sind viele schwierige Probleme verbunden. Moral, Politik, Ideologie wollen berücksichtigt werden. Selbst wenn man Gewalt in einigen Bereichen bejaht, stellt sich die Frage: *„Dürfen die Anwender zusätzlich auch noch aggressiv da-*

bei sein?" „Darf ein Lehrer oder Polizist seine Aufgaben mit Aggressionen durchsetzen?"
Um das einigermaßen beantworten zu können, lohnt es sich, die Herkunft der Verhaltensmotive zu betrachten. Da gibt es zunächst etwas Angeborenes, was wir mit den meisten Säugetieren teilen. Es ist die Aggression bei einem persönlichen Angriff. Hier hat die Natur vorgesehen, dass wir uns mit vitalen Aggressionen wehren, mit allem, was uns zur Verfügung steht. Oder wir flüchten mit Unterstützung von Angst. Diese Aggression ist angeboren und auch gesetzlich durch Notwehr- und Nothilfeparagraphen zugelassen. Sie folgt dem eigenen Schutze, dem Arterhalt und der Möglichkeit, eigene Gene zu schützen und weiterzugeben (Gen-Fitness). Diese Form löst auch nicht die hier diskutierten Probleme aus.

Es ist nach einigen Sätzen so, als würde sich der vorhandene Nebel aufhellen und lichten. Die Konturen werden schärfer. Sie erinnert sich, dass sie seit Jahren über dieses Thema unendlich viele Male nachgedacht hatte. Der Alltag führte bei ihr nicht zu Gewöhnung, sondern zu einer Mischung aus Hoffnungslosigkeit und Verzweiflung. In der Ausbildung hatte sie ausführlich Aggressionstheorien lernen müssen, das Gesagte war also nicht neu, aber so richtig geholfen hatte das Theoretische nicht. Sie sucht seit langer Zeit nichts Abstraktes, sondern konkrete Lösungen für sich und ihre Arbeit, etwas, das sich umsetzen lässt.
Im Hintergrund existiert zusätzlich noch etwas undeutlich die Idee für ein globales Konzept, das alle Menschen zu menschlicherem Umgang befähigen kann. Als ihr bei dem Vortrag klar wird, dass für diese Ziele Aggressionen nicht individuell und allein

betrachtet werden können, sondern die Gesellschaft, Gesetzmäßigkeiten, Politik, Wirtschaft und Beziehungen mit einbezogen werden müssen, dass auch die menschliche Stammesgeschichte, Meme (Erfahrungen) und Gene eine große Bedeutung haben, bekommt sie einen Schreck. Da wird alles noch viel umfangreicher und unüberschaubarer, aber durch die neuen Grenzen auch ein wenig klarer und sicherer. Eine gewisse Erleichterung tritt ein, aber leider auch das Gefühl, dass alles noch verwobener und schwieriger ist. So verspürt sie Erleichterung, als der Redner für sie bisher unbekannte Aspekte anspricht.

Das Dominanzstreben ist angeboren!
Diese zweite menschliche Besonderheit ist weniger bekannt. Sie benötigt keinen Angriff, keine Bedrohung, um ausgelöst zu werden. Es ist eine Taktik – nämlich das Dominanzstreben. Dieses Motiv basiert ebenfalls auf dem übergeordneten Naturgesetz der Gen-Fitness. Wenn ich dominant bin, das Sagen habe, über andere bestimme, habe ich extrem viel mehr Möglichkeiten, meine Gene weiterzugeben. So ist es kein Wunder, dass sich das durchgesetzt hat und mehr oder weniger angeboren ist. Es funktioniert zunächst mit Drohen in allen erdenklichen Formen. Das genügt auch zumeist. Der Mensch, der eine Sprache beherrscht, droht natürlich auch zusätzlich mit Worten. Er verspricht attraktive Folgen, wenn sich die anderen unterordnen, und Böses, wenn die Unterordnung abgelehnt wird. Herrschaftsansprüche werden deshalb seit Jahrtausenden von Menschen mit Drohungen und mit Versprechen vorgetragen. Dann ordnen sich die anderen tatsächlich in der Regel unter,

weil sie hoffen, beschützt zu werden und in Ruhe leben zu können. Es entsteht so etwas wie ein ungeschriebener Vertrag. *Ich ordne mich unter, werde dafür aber vor Unheil beschützt.*

Politiker machen das nicht anders.
Wenn Sie jetzt auf die Idee kommen, dass unsere Politiker sich heute etwas verfeinert auch so verhalten, dann liegen Sie durchaus richtig. Es handelt sich um weitgehend angeborenes animalisches Dominanzverhalten, nicht um Demokratie oder um ein hohes Kulturgut. Was passiert nämlich, wenn sich die Menschen nicht unterwerfen? Dann können sie ziemlich sicher mit Gewalt und Aggressionen rechnen. Sie können sicher sein, dass sie verbal oder körperlich angegriffen werden. Wenn die Macht groß genug ist, werden die Gegner auch getötet. Um dafür Beweise zu finden, braucht man nur die täglichen Nachrichten, oder eine Diskussion verfolgen oder in der Geschichte zurückschauen. Es ist nicht unüblich, die Unwilligen zu quälen, auszuweisen oder zu töten.
Dabei wissen wir alle, dass es durchaus nicht immer richtig ist, sich unterzuordnen. Viele Fortschritte sind gerade durch Widerstand entstanden. Das alles erklärt einen Teil der Ursachen, aber erhellt immer noch nicht die unbegreiflich häufige und unnatürliche Gewalt in unserer Gesellschaft. So viele Notwendigkeiten für einen Dominanzstreit gibt es eigentlich nicht, und trotzdem ist unsere Alltagssprache angefüllt von unzähligen Attacken. Es wird also darum gehen, die viele unnötige Gewalt zu vermeiden.
Es gibt noch einen weiteren Erklärungsansatz. Bis vor ca. 7000-10000 Jahren lebte der Mensch in

kleinen Gruppen, in Clans und Familien von ca. 10 Personen. Zu dieser Zeit gab es keine allgemeinen Regeln oder Gesetze und auch kein falsches oder richtiges Verhalten. Das können sich heute viele Menschen nicht einmal mehr vorstellen. Der zurückkommende Jäger hatte etwas erlegt oder nicht. Man war erfolgreich oder eben nicht. Der körperlich Stärkere oder der geschickteste Jäger hatte natürlich trotzdem die besten Möglichkeiten, seine Gene weiterzugeben.

Ungefähr zu dieser Zeit begannen die Menschen, sesshaft zu werden, Ackerbau und Viehzucht zu betreiben. Sie zogen zu größeren Einheiten zusammen und hatten plötzlich das Problem, sich in größeren Gruppen und mit anderen Familien vertragen zu müssen und Arbeit und Verhalten zu regeln. Es ist kein Wunder, dass einige sofort dominant sein und „Chef" werden wollten. Mit Drohungen und Versprechen zeigte sich schnell jemand, der bestimmen wollte. Die Uneinsichtigen wurden mit Gewalt und Aggression bekämpft, bis die Führung akzeptiert war. Dieser Führer, Chef oder Leiter legte die von diesem Zeitpunkt an gültigen Regeln für alle fest. Sie entstanden nicht durch einen demokratischen Prozess, sondern durch die egozentrische Sicht eines Einzelnen. Daran hat sich im Laufe der Geschichte nicht viel geändert. Herzöge, Fürsten, Dorfälteste, Häuptlinge und Könige gaben die Regeln vor. Ab jetzt gab es auf einmal <u>richtig und falsch</u> und logischerweise auch Strafen als neue Art der Gewalt und Aggression. Sie wurde jetzt zur Disziplinierung, Abschreckung und

Rache genutzt. *Eine neue Art, die von der Natur so nicht vorgesehen war*[6].

Das alles wiederholt sich bis heute an allen Orten dieser Welt. Halbherzig wird bei Strafen von Resozialisierung und Wiedereingliederung gesprochen. Praktisch bleibt es gleich – Macht, Gewalt und Aggression. Wir haben uns so daran gewöhnt, dass wir auch in der eigenen Familie, in der Nachbarschaft und in allen anderen geeigneten Bereichen Regeln bilden und bei Nichtbeachten sofort an Sanktionen denken. Unser Handeln und Denken ist durchwoben von der Vorstellung von richtig und falsch, und davon, dass wir den ganzen Tag von früh bis spät bewerten, beurteilen, verurteilen und häufig auch über mögliche Strafen nachdenken.

Die allermeisten Religionen, die sich bildeten, integrierten diese Art des Denkens mit Strafen und Forderungen. Auch das ist bis heute so geblieben. Sie helfen ausdrücklich bei der Durchsetzung solcher Regeln, weil auch sie davon einen soliden Nutzen haben. Das alles haben wir Menschen ohne zwingende Not selbst verursacht und ausführlich kultiviert. Direkte Strafen werden mittlerweile nicht selten in indirekte geändert. Sie treten dann in einem getarnten Kleid auf. Es ist in Beziehungen z.B. durchaus üblich, mit Liebesentzug zu re-

---

[6] Deutlich verschlimmert wurde das noch vor ca. 5000 Jahren durch die zunehmende Verstädterung und durch die Möglichkeit, mehr herzustellen als benötigt wurde. Bezahlte Arbeit, Handel, Abhängigkeit und Ausbeutung waren die Folge und eine völlig neue Möglichkeit, Macht und Gewalt auszuüben und Menschen auszunutzen; siehe hierzu auch 1977, Erich Fromm: *Anatomie menschlicher Destruktivität*.

agieren. Diese Form der Strafe macht jedoch alles nur noch schlimmer, vor allem für Kinder. Es geschah und geschieht in einem Ausmaß, dass unsere Wahrnehmung, unsere Emotionen und unser Verhalten sich deutlich verändert haben. Das noch leicht widersprechende Gewissen, das behindernde Unrechtsbewusstsein gewöhnt sich auf lange Sicht daran. Es entspricht aber nicht den Anforderungen oder der Logik der Natur, weil es viel zu aggressiv, zu schädigend und zu destruktiv ist. Der eigentliche Nutzen ist aufgebraucht und ins Gegenteil verkehrt. Dafür müssen wir die Verantwortung übernehmen. Wie weit wir uns von der „Natur" entfernt haben, zeigt folgendes Beispiel:
Sie kaufen eine Pflanze und betrachten sie liebevoll. Sie bemerken aber nach kurzer Zeit, dass sie sich nicht so entwickelt, wie sie möchten. Sie denken nach über die einfallende Lichtmenge, über Wasser und Dünger. Sie versuchen, die Bedingungen für gesundes Wachstum bereitzustellen.
Warum strafen Sie dann aber ihren Sohn, wenn er sich nicht so entwickelt, wie Sie es wollen? Die Lebewesen auf diesem Planeten entwickeln sich automatisch richtig, weil sie versuchen, sich anzupassen und nach Perfektion und Effektivität streben. Sie benötigen nur die notwendigen Voraussetzungen, wie Ernährung, Licht, Erfüllung sozialer Bedürfnisse usw. Möglicherweise entwickelt ihr Sohn sich auch hervorragend, wenn alle Bedingungen stimmen.

Das Beispiel geht Anna unter die Haut. Die Grundsätze kennt sie eigentlich schon vom Studium, aber so klar und brutal war ihr das bisher noch nicht begegnet. Wie war es denn in ihrer eigenen Kindheit?

Sie erinnert sich: "Ich war immer sehr interessiert, aber ziemlich ruhig und pflegeleicht. Ja, meine Eltern mochten mich sehr, aber es stimmt schon, vollständig zufrieden waren sie mit mir nicht."
Alte Bilder und Sätze kommen an die Oberfläche. "Sie hört schlecht", meinten z.B. die Großeltern. "Sie ist zu viel allein und spielt viel zu wenig mit anderen." Der Großvater meinte sogar einmal, sie habe eine soziale Störung. Anna erinnert sich genau, unzählige Male hatte sie diese Sorgen und die Unzufriedenheit gehört. In der Tat hatte Anna allerdings schon immer eine geschickte Art, Dinge zu überhören, vom Thema abzulenken und vor allem nicht automatisch zu folgen. Vorschläge zur Gestaltung der freien Zeit kamen bei ihr nicht an. Sie wollte alles selbst entscheiden. Lernspiele waren nach einmaligem Gebrauch uninteressant. Auch mit verlockenden Belohnungen war sie meist nicht zu beeindrucken.
Den Eltern ging es wie vielen anderen in unserem Kulturkreis. Eigentlich waren sie stolz und irgendwie auch mehr oder weniger zufrieden, aber das eine oder andere hätte schon besser oder anders sein können. Wer hat schon (in allen Betrachtungsrichtungen) genau die Kinder, die er haben will?
Die Eltern fühlten sich stark mit ihrem Kind verbunden und liebten es innig. Das hielt sie aber nicht davon ab, die eine oder andere Verhaltensweise zu beklagen und sich Veränderungen zu wünschen und auch zu fordern. Es verging beinahe kein Tag ohne irgendeine Ermahnung oder einen Appell, einen Versuch, etwas "positiv" zu verändern.
"Erziehung muss ja schließlich auch sein! Viele Dinge weiß ein Kind ja auch noch nicht", meinten die Großeltern. So war die Botschaft an Anna häufig: "Tue dies nicht! Unterlasse jenes!" und irgend-

wie auch: „Du bist so nicht okay, du müsstest anders sein."

Anna bekam insgesamt gesehen sehr viel Aufmerksamkeit, Zuwendung und viele Angebote. Es gab Lernspiele, Musikinstrumente und vieles, was fördern konnte. Der Vater kaufte zum Beispiel einmal einen großen Lastwagen mit Anhänger, der beinahe genau so groß war wie Anna. Er war selbst extrem begeistert von dem Spielzeug, versuchte einige Male mit ihr zu spielen und hoffte, dass sie Freude daran gewann. Früher, zu seiner Kinderzeit, hatte es so etwas Tolles nicht gegeben. So etwas hätte er als Kind auch gern besessen. Anna aber war gleichmäßig lieb und sehr wenig interessiert.

Ein anderes Mal wurde ein Kettcar gekauft. Der Vater musste sogar den Sitzabstand extra verkürzen, weil Anna noch zu »kurz« war. Mit einer Bohrmaschine wurden einige Löcher neu gebohrt. Anna ließ sich jedoch nicht von der väterlichen Begeisterung anstecken. Ihr war das alles nicht so wichtig. Sie wollte vor allem nicht das machen, was andere ihr nahelegten. Sie trat einige Male in die Pedale, bis der Vater sich freute. Das war es aber dann für die nächsten Wochen.

Andererseits beschäftigte sie sich mit vielen Dingen ohne jede Anleitung, manchmal viele Stunden. Sie malte und bastelte und war eigentlich sehr zufrieden. Dinge des täglichen Gebrauchs wurden zu allen möglichen Fantasieobjekten umfunktioniert. Zusammengeknüllte Stoffstücke wurden Tiere, Haushaltsgegenstände Autos oder Puppenwagen. Die merkwürdigsten Dinge mussten Vater oder Mutter sein. Modernes Spielzeug, insbesondere solches mit Batterien, wurde zunächst neugierig erkundet, aber schon bald mit Gleichgültigkeit und Desinteresse betrachtet.

Vater hatte es schon aufgegeben, „geschlechtsneutrales" Spielzeug anzuschleppen. Das funktionierte nicht. An Stelle des Spielzeugs rückten neue Angebote: Musikschule und andere Förderbereiche. Zwänge, z.B. der regelmäßige Besuch einer Musikschule, waren jedoch gar nichts für Anna. Anfänglich stand zwar eine neugierige Lust, aber schon die ersten Ermahnungen zu üben und die einengende Planung der nächsten Schulbesuche vermiesten ihr die Freude derart, dass auch das Instrument, eine bis dahin liebevoll behandelte Flöte, uninteressant wurde.
Das alles verunsicherte die Mutter sehr und löste das ein oder andere Mal auch Sorgen und dann Ärger aus. Dem Vater war das mittlerweile egal, was den Konflikt für Anna etwas entschärfte, aber für die Familie belastender machte.
„Lass sie doch, Hauptsache, sie beschäftigt sich. Ist doch alles in Ordnung."
Anna schaffte es wie immer, sich viele Stunden allein zu beschäftigen. Der Mutter war das offensichtlich nicht genug, es ängstigte sie. Sie schlug Ballett vor. Anna erinnerte sich, dass eine Freundin das auch machte und willigte ein. Zur zweiten Übungsstunde ermahnte die Mutter, sie solle üben und sich vorbereiten. Da war es wieder. Von da an hatte Anna überhaupt keine Lust mehr. Verärgert wurde sie wieder abgemeldet. Mit anderen etwas zu unternehmen oder zu spielen ging meist von anderen aus. Sie selbst ergriff selten die Gelegenheit, war dann aber mit Freude dabei. Danach brauchte sie jedoch wieder Zeit für sich.
Die Mutter kam das ein oder andere Mal darüber ins Grübeln, stellte sich und auch anderen so manche Frage zu diesem Thema, ohne jedoch eine vernünftige Antwort zu bekommen. Die Angesproche-

nen waren allerdings meistens auch nicht ernsthaft interessiert.
„Sei doch froh", sagten die meisten, „meine nerven entsetzlich."
Sie war aber nicht froh. Sie machte sich Sorgen, vielleicht auch nur deshalb, weil Anna ihr erstes Kind war. Da ist bei den meisten Eltern alles viel wichtiger und deutlicher. Anna bekam natürlich das alles nicht mit. Sie spielte und war zufrieden. Zeitweilig vergaß die Mutter es, dem Vater war das sowieso nur weibliche Überempfindlichkeit.
Anna wuchs und gedieh prächtig. Nur die Phasen des Alleinseins und die Zeiten, die sie mit anderen verbrachte, wurden intensiver. Die Zeiten der Selbstbeschäftigung verlängerten sich sogar noch. Es konnte durchaus sein, dass sie zwei Tage keinen Kontakt haben wollte, um dann mit Freude und vollem Genuss wieder mit anderen zu spielen. Und das tat sie durchaus für eine längere Zeit. Danach kam in der Regel jedoch wieder eine Zeit des Alleinseins. So wurde sie älter, und die Mutter spürte die Besonderheit gar nicht mehr so deutlich. So richtig schlimm war es ja auch nicht, nur seltsam.
In der Schule lief alles zum Besten. Trotzdem appellierte sie zwischendurch immer noch halbherzig und total vergebens: „Anna, geh doch mal raus. Komm doch in den Garten, du bist ja ganz blass!" „Was macht eigentlich Ute?"
Doch Anna ruhte in sich und wusste anscheinend genau, wann sie allein sein wollte und wann sie mit anderen Menschen Kontakt brauchte. Trotzdem machte sich die Mutter Sorgen um die Gesundheit. War das normal? Einmal verlor sie nach wiederum vergeblichen Versuchen die Geduld und trieb ihre Tochter mit lautem Schimpfen nach draußen zu den anderen Kindern.

"Du gehst jetzt nach draußen an die frische Luft, geh jetzt spielen!"
*Irritiert von dem ungewohnten Ausbruch der Mutter ging Anna verunsichert durch den Garten auf die Straße und blieb dort stehen. In einiger Entfernung spielten die anderen Kinder. Anna stand mit leicht gesenktem Kopf und wartete. Sie wartete und rührte sich nicht von der Stelle. Sie war nicht trotzig oder wütend, eher traurig und unsicher. Die Mutter, die das durch das Fenster beobachtete, wurde beim zweiten Blick ungeduldig und wollte etwas Aufmunterndes rufen, wartete aber dann doch noch. Bei den folgenden Kontrollblicken durch das Fenster bekam sie immer deutlicher ein schlechtes Gefühl. Die kleine Gestalt stand da mit hängenden Schultern, bei genauem Hinsehen war es ein Anblick zum Herzerweichen. Sie öffnete schließlich das Fenster und rief:
"Anna, komm wieder rein!"*
Anna kam und beschäftigte sich sofort mit besserer Stimmung in ihrem Zimmer. Der Mutter blieb nur ein hoffnungsloses Kopfschütteln. Zwischendurch kam so etwas wie Neid oder eine sehr unbestimmte Verärgerung bei der Mutter durch. Warum konnte Anna das so ohne Wenn und Aber machen? Wie konnte sie sich auf ihre Bedürfnisse konzentrieren und sich durchsetzen, ohne ein Problem damit zu haben? Sie als reife, erwachsene Frau konnte ihre Bedürfnisse so nicht durchsetzen, vermutlich wegen der vielen Verpflichtungen, die Anna ja noch nicht hatte und vielleicht auch aus anderen Gründen. War Anna vielleicht ein wenig rücksichtslos und egozentrisch? War sie gleichgültig gegenüber den Sorgen der anderen oder der eigenen Mutter? Liebte sie sie nicht genug? Irgendwie ungerecht war es schon oder nicht? Antworten gab es keine.

So ging es, bis Anna sieben Jahre alt wurde. Plötzlich wollte sie wissen, ob sie anders war als andere, die alle viel mehr unternahmen. Das brachte die Mutter in arge Verlegenheit, da sie mit dieser Frage nicht gerechnet hatte. Mehr stammelnd als argumentierend relativierte sie und fand alles ganz in Ordnung und beschwichtigte Annas Bedenken. Natürlich könne man das eine oder andere anders sehen oder auch machen, aber so wichtig solle man es auch nicht nehmen.
Anna hörte sich das alles an. Aber wie auch schon früher ließ sie sich nicht beirren. Sie wollte es genauer wissen. Sie unternahm mehr und war tagelang auf anstrengendste Art mit anderen beschäftigt. Zufrieden machte sie das aber nicht. Nach kurzer Zeit des näheren Kontaktes spürte sie deutlich den Wunsch, wieder für sich zu sein. Das hatte nichts mit den anderen zu tun, nichts mit deren Fehlern oder deren Besonderheiten. Irgendwie war es einfach so. War sie längere Zeit allein, spürte sie ein langsam stärker werdendes Verlangen nach Gesellschaft.
Die Mutter zählte zu ihrem eigenen Entsetzen für diese Bedürfnisse nicht. War sie mit ihr zusammen, so kamen die Bedürfnisse genauso, vielleicht ein wenig schwächer. War sie aber in der Gesellschaft anderer und ging es auch hoch her, so reichte schon die erste Gelegenheit des Luftholens, der Besinnung, um zu empfinden, dass Distanz und Alleinsein besser sein könnten. War sie überhaupt normal?
Ihre Freundinnen lachten über solchen Unsinn. Sie hatten diese Probleme nicht. Auch waren sie viel lustiger und sorgloser. Es war schon sehr auffällig. In ihrem Tagebuch ging sie der Frage nach, wie und warum sie nur so seltsam war, warum alles schwerer war als bei anderen, warum der Kontakt mit der Mutter zwar gut tat, aber in diesem Zusammenhang

nicht zählte. Hier half nur das Zusammensein mit Gleichaltrigen. Diese Fragen und das bewusstere Wahrnehmen verlängerten die Zeiten des Alleinseins, ohne jedoch eine Antwort zu produzieren. Sie spürte so etwas wie einen Makel, wie ein Zeichen auf ihrer Stirn. Ihre Mutter erinnerte sie leider oft daran, wenn sie gerade von diesem vermeintlichen Problem ein wenig Abstand gewonnen hatte. Dennoch hatte sie insgesamt gesehen das Gefühl, dass alles in Ordnung war. Doch richtig sicher konnte sie nicht sein, denn die Botschaft der anderen, insbesondere der Mutter, war: „Du bist so nicht okay, ändere dich!" Genauso hörte sich das natürlich nicht an. Es war viel versöhnlicher und verbindlicher formuliert, wie zum Beispiel: „Komm doch mal aus deinem Zimmer, lass uns mal zusammen einkaufen gehen."
Heute erinnert sich Anna an ganze Abläufe und auch an viele Details aus der alten Zeit. An wichtigen Stellen erinnert sie sich sogar an die wörtliche Rede, jedes Wort und auch die Gesichter dazu. Einzelheiten spürt sie wieder mit den alten Gefühlen. Sie ist sich absolut sicher:„So bist du nicht ganz richtig".
Sie war in den Augen der Eltern nur normal und richtig, wenn sie mit anderen spielte, „normal häufigen" Kontakt hatte. Ebenso klar ist ihr die Häufigkeit solcher Botschaften.
„Diese Erfahrungen der kleinen Anna werden wohl auf meine Entwicklung einen Einfluss gehabt haben", denkt die erwachsene Anna. Sie hat schon einmal etwas vom „inneren Kind" gehört, also von der „kleinen Anna", die noch in ihr lebt. Das ist etwas, das alle Erwachsenen in sich tragen und Empfindungen und Handeln beeinflusst.
Diese Erkenntnis bewegt sie sehr tief. Aber die Gefühle sind nicht klar, es ist alles durcheinander. Sie

fragt sich mehrmals: „Ist sie traurig, entsetzt oder auch froh?" Ihr Lächeln und leises Lachen hat dabei eine heimliche Verwandtschaft zum Weinen. Es ist komisch und unklar. Schöne und sehr traurige Gefühle vermischen sich. Dennoch versucht sie, sich zusammenzureißen und dem weiteren Vortrag zu folgen.

Leider ist der Mensch viel aggressiver und grausamer als es durch die Natur vorgesehen und notwendig ist. Warum ist das so? Tiere reagieren nur im gefährlichen Augenblick, Menschen dagegen können Situationen vordenken, die Vergangenheit wachrufen und die Zukunft planen. Sie können sich außerhalb der aktuellen Realität in Gedanken bedroht fühlen, Angst vor der Zukunft haben, sich taktisch verhalten und vorsichthalber Macht ansammeln. Unsere modernen Lebensumstände und unsere Kultur verursachen trotz trostlosen Reichtums eine Vielzahl von vermeintlichen Bedrohungen und angstauslösenden Reizen. Vernichtung der Ressourcen, Vergiftung des Planeten und ruinierendes Finanzverhalten, eifersüchtig machende Werbung, Ausbeutung und Entfremdung können uns nicht unbeeinflusst lassen. Die ursprünglichen Reaktionen darauf sind angeboren. Es geht nur Kampf oder Flucht. Aber wohin soll der Mensch flüchten? Wir wissen, Aggressionen, Strafen, Drohungen, Bevormunden und Zwänge behindern, deformieren oder Verursachen natürlichen Widerstand. Wir merken schon gar nicht mehr, wie viel Gewalt wir ausüben. Offene Gewalt, z.B. Kinder in der Erziehung zu schlagen, hat zwar klar abgenommen. Aber machen wir uns nichts vor. Die Summe der Aggressionen hat leider eher

zugenommen. Sie tritt nur anders auf, häufig unterschwellig, verdeckt, in Bemerkungen, Beschimpfungen, in Grimassen und Verunglimpfungen, im Internet usw.
Besonders trifft es die Heranwachsenden. Sie werden mit einer veränderten Gewalt konfrontiert. Damit verbunden ist automatisch Nichtakzeptanz oder sogar Ablehnung, also die Haltung: Du bist so nicht ok! Das lässt gesundes Wachstum nicht zu. Versuche, den Heranwachsenden in eine Richtung zu beeinflussen, beinhalten fast immer die gleiche Botschaft: „Du musst anders sein, so ist es nicht richtig!" Diese fehlende Akzeptanz verursacht in erschreckend vielen Fällen narzisstische Störungen der Persönlichkeit, die normalerweise das Leben lang anhalten. Die häufigste Meldung an unsere Kinder ist leider: *„Du bist nicht ok, du musst dich ändern!"* Das hören die Kinder, dann die Heranwachsenden zu Hause, in der Kita, in der Schule und auf der Lehrstelle. Später im Beruf oder in der Ehe ändert sich das nicht grundsätzlich. So kann sich aber kein gesundes Selbstwertgefühl entwickeln. Es entstehen ich-schwache Menschen, die häufig narzisstische Störungen haben, die Rollen spielen müssen und notgedrungen opportunistisch werden. Sie funktionieren nur ziemlich perfekt für unser politisch-wirtschaftliches Konzept. Sie täuschen vor, anders zu sein und verhalten sich so, wie andere es von ihnen erwarten. Mit diesem „unechten" und ungeliebten Schauspiel versuchen sie, die notwendigen „Streicheleinheiten" zu bekommen. Sie funktionieren dann allerdings reibungslos in einer oberflächlichen Gesellschaft und besonders gut in unserem Wirtschaftsleben. Sie bekommen auch tatsächlich

einige Streicheleinheiten. Sie sind berechenbar, ihr Geschmack ist standardisiert und leicht zu beeinflussen. Sie sind bereit, sich befehlen zu lassen und sich einzufügen. Sie halten sich trotzdem für frei und unabhängig, weil sie es sonst nicht aushalten würden und wünschen sich stattdessen, mehr konsumieren zu können[7]. Sie werden abhängig gemacht von immer neu erfundenen Bedürfnissen, richten ihre Motivation auf Besitz und Güter, verlieren sich im „Haben", werden nicht selten unersättlich und habgierig. Das Verhalten in diesem Sozialcharakter wird immer mehr auf Kampf, Konkurrenz und Wettbewerb ausgerichtet. Wer erfolgreich sein will muss rivalisieren, siegen und ausreichend rücksichtslos sein. Man kann den Eindruck bekommen, dass das alles Absicht sein könnte, dass es ein heimliches Curriculum gibt, Menschen so zu erziehen. Weil es so anscheinend funktioniert und man unkompliziert Macht ausüben und mit der Abhängigkeit viel Geld verdienen kann. Die *Haben*den bereichern sich immer mehr an den *Habe*nichtsen. Gerechtigkeit ist schon lange verloren. Aber wollen wir das eigentlich alles so? Hier bildet sich der Unterschied deutlich ab zwischen Freiheit und Unterordnung, zwischen Selbstverwirklichung und Bevormundung und zwischen *Natur und Kultur*, zwischen Angeborenem und dem, was wir bis heute daraus gemacht haben. Die Natur wird uns nicht helfen, wir müssen es mit einer veränderten Kultur schaffen.

---

[7] Sinngemäß Erich Fromm: Die moderne Industriegesellschaft

Anna ist betroffen. Die alten Erinnerungen pochen noch tief in ihr, die schönen Teile sind erloschen oder haben an positiver Wirkung verloren. Die Trauer bleibt übrig: Sie denkt: „Wie genau es zutrifft!" Sie ist vollständig einverstanden, verspürt aber trotzdem zu ihrem Erstaunen immer deutlicher so etwas wie Erleichterung. Sie ist also doch nicht überempfindlich, wie Hans immer sagt. Das ist ein schöner und wohltuender Gedanke. Andere sehen es so wie sie. Sie hat eben eine persönliche Geschichte mit eigenen Erfahrungen. Nüchtern betrachtet ist ihre Kindheit ja auch keine Katastrophe gewesen. Sie hatte liebende Eltern und Großeltern, die nur das Beste wollten. Das ist aber, wie sie schon häufig erfahren musste, häufig das Gegenteil von gut. Aber Schuld will sie nicht verteilen, auf gar keinen Fall. Die gibt es vermutlich auch gar nicht. Sie hatte ja auch viele gute Dinge mitbekommen. Jetzt muss sie mit den gelegten Grundlagen ihr Leben selbst regeln, nicht mehr ihre Eltern, das ist vollständig klar. Es ist nur traurig und schade, dass auch ihre Lieben vorsichtig, aber letztlich doch zielgerichtet mit Vorwürfen und Vorschlägen unnötige Gewaltversuche unternommen haben. Ihr wird ganz deutlich, dass sie sich in der frühen Kindheit systematisch gegen Bevormundung und Steuerungsversuche gewehrt hatte, dass sie dazu vermutlich eine manifeste Abwehrhaltung entwickelt hatte, die sicherlich auch heute noch wirksam ist. Sie erinnert sich an einige Erlebnisse, in denen sie genau an diesen Stellen überdurchschnittlich stark reagiert hatte. Das kam offensichtlich im privaten Bereich genauso vor wie auf der Arbeitsstelle. „Dann ist es eben so", denkt sie etwas trotzig: „Gewalt ist selbst bei vorhandener Elternliebe eine starke Naturkraft, die unterschätzt wird."

Gegen solche schädlichen Einwirkungen kann nur eine andere Erziehungskultur helfen. Was wir Kultur nennen, also Gelerntes, Verstandenes, Umgesetztes kann das stoppen, abschwächen und in konstruktivere Bahnen lenken. Sie hat die Diskrepanz zwischen Natur und Kultur schon in der Literatur und Kunst kennengelernt. Jetzt sieht sie Zusammenhänge in größerem Rahmen und sehr viel klarer. „Bei so einem jahrhundertealten Thema gibt es möglicherweise auch schon beschriebene Lösungsansätze", denkt sie: „Es muss auf jeden Fall etwas geben und vor allem geschehen." Leider unterbrechen die nächsten Sätze des Redners ihre gute Stimmung:

Noch schlimmere Folgen verursachte in der Vorzeit ein neues Problem. Wem gehörte eigentlich das Land? Zuvor stellte sich niemand solche Fragen, weil sich alle auf Wanderschaft befanden und ständig neue Jagdgründe suchten. Sie waren mit der Natur verbunden und achteten sie. Besitz im heutigen Sinne gab es nicht. Mit dem Beginn der Siedlungen und des Ackerbaues gab es plötzlich Eigentum an Gegenständen und Land. Damit bekamen Macht, Gewalt und Aggressionen eine neue Funktion, eine strategische. Sie wurde absichtsvoll genutzt für Besitzvermehrung, für geplante Auseinandersetzungen, für Raub und Kriege. Mit dieser „Entartung" leben wir noch heute.

Der Vortragende wird etwas lauter, scheinbar hat er einen Punkt erreicht, der ihn tief bewegt. Anna spürt deutlich die innere Verzweiflung und Trauer. Sie ist ebenfalls betroffen. Sollte das alles so klar und einfach zu erklären sein? Gespannt erwartet sie die nächsten Ausführungen.

Der grundlegendste Weg aus diesem Dilemma wäre eine menschengerechtere Gesellschaft[8]. Helfen könnten menschgerechtere Philosophien, die schon teilweise vorhanden sind. Es gibt aber auch ohne neue Staatsphilosophie einige Wege, die vorkommende Gewalt menschengerechter zu organisieren.

1. Es beginnt damit, deutlich zu unterscheiden. Was sind zurzeit notwendige und akzeptierte Ordnungsbereiche, die notfalls direktiv und gewaltsam durchgesetzt werden müssen? Welche Fälle individueller Interaktionen gehören nicht dazu?
Darin ist auch schon die Antwort enthalten. Die erste Gruppe erfordert freundliche Direktivität und damit auch meist asymmetrische Kommunikation. Die verkannte, viel größere zweite Gruppe kann ausschließlich mit symmetrischer und gewaltfreier Kommunikation bearbeitet werden. Das heißt, der größte Teil unserer Kommunikation könnte gewaltfrei und symmetrisch ablaufen.

2. Es wird immer wieder vorkommen, dass auch legitime Gewaltanwendung mit unnötiger Aggression vermischt wird. Das ist absolut nicht erwünscht, aber sehr schwierig abzustellen. Polizisten oder Lehrer als Profis dürfen nicht aggressiv werden. Sie wissen, dass sie nüchtern konstatieren und reagieren sollten. Das ist aber nicht so

---

[8] 1974, Erich Fromm, *Der moderne Mensch und seine Zukunft*, 2004 M. Rosenberg, *Gewaltfreie Kommunikation;* 2010, L. Röhrig, Glück finden, *Wege zu einer **menschengerechteren** Gesellschaft*

einfach wie hier vorgetragen. Wir werden in bestimmten Situationen stark bedrängt, belastet und angegriffen und leider auch viel zu aggressiv. Das hängt mit den schon beschriebenen Ursachen zusammen, allerdings auch, wie wir noch sehen werden, mit Bewertungen, Verurteilungen, mit Haltungen und der individuellen Wahrnehmung. Wir fühlen uns häufig angegriffen, obwohl kein Angriff vorliegt. Die Arbeit an Einstellungen und notwendigen Kompetenzen ist deshalb sehr wichtig, aber schwierig. Sie erfordert viel Disziplin und Zeit. Die Natur ist sehr mächtig und mischt sich ein.
Genauso „normal" ist aber auch der Widerstand gegen die hier beschriebene Gewalteinwirkung, auch gegen legitime Gewalt. Die Gewaltanwender müssten gelernt haben, dass Widerstände „normal" sind und wie mit Widerständen konstruktiv und auch gewaltfrei umgegangen werden kann[9]. Alle Bereiche erfordern eine wohlabgestimmte Veränderung der Curricula und Erziehungsziele, weil alles miteinander verwoben ist. Der Erfolg solcher Bemühungen hängt letztendlich ab von der Qualität des Selbstwertgefühles, der Ich-Stärke, der Art der Ausbildung, der Haltung zur Gesellschaft, der Vorbilder usw. Hier sind neben dem Individuum auch die Gesellschaft, Politik und die Institutionen (Eltern, Schule, Polizei) gefordert. Das macht alles wenig Hoffnung, das ist bekannt, dauert lange und hat in der Vergangenheit keine ausreichende Wirkung entfaltet. Deshalb richten wir

---

[9] Thomas Gordon, Die NEUE Familienkonferenz, Heyne 1989, L. Röhrig, Konfliktbewältigung ohne Gewalt? Deutsches Polizeiblatt 3 S. 2 – 26; 1989,

den Focus nochmals auf unsere persönlichen Möglichkeiten.
3. Grundsätzlich haben wir Menschen die geistige Fähigkeit, uns von unnötiger Gewalt zu lösen[10]. Wir könnten unsere gewalttätige Alltagssprache zurückentwickeln und im Umgang miteinander gewaltfreier interagieren. Wir könnten es. Warum tun wir es nicht?

Der Beifall nach diesen Ausführungen ist sehr verhalten, die Stimmung eher bedrückt. Es wird nur wenig gesprochen. Sind wir schuld? Das Thema macht offensichtlich keine Freude. Anna ist aber völlig einverstanden. Die meisten Dinge kennt sie, aber in der Eindeutigkeit hat sie es noch nicht gehört. Viele von den Menschen benutzte Metaphern sind eigentlich Kriegsmethapern[11]: ins Schwarze treffen, Argumente abschmettern, jemanden niedermachen, vernichtende Argumente benutzen. Das alles strotzt vor Gewalt, und es bemerkt schon keiner mehr. „Schießen Sie los!" Was ist das für eine Aufforderung? Selbst wenn man friedlich gestimmt über Win-Win-Lösungen nachdenkt, ist den meisten nicht bewusst, dass der Ausgangspunkt Aggression und Kampf ist. Ihr wird klar, dass gewaltfreie Kommunikation helfen könnte. Neu ist, dass eine solche Sprache relativ einfach möglich sei. Anna hat immer ein Gefühl von Schwere und außergewöhnlicher Anstrengung damit verbunden.

---

[10] Sinngemäß: 1974, Erich Fromm, *Der moderne Mensch und seine Zukunft*, EVA;
1973,Alexander Mitscherlich, *Auf dem Weg zur vaterlosen Gesellschaft*, Pieper
[11] 2014,George Lakoff, Mark Johnson, *Leben in Metaphern*

Am nächsten Tag schon bestellt sie sich zwei Bücher und eine CD von Marshall Rosenberg. Jede freie Minute füllt sie in den folgenden Wochen mit Lesen und CD-hören. Die alte Hoffnung kehrt zurück. Es geht also doch! Sie kann die dort angesprochenen Grundsätze schon anwenden. Es ist noch ein wenig ungewohnt, doch die Reaktionen darauf sind erstaunlich konstruktiv. Ihre Stimmung bessert sich immer mehr. Auch ihre Mitmenschen halten sie erstaunlicherweise nicht mehr für „so schwierig". Zugegeben, es ist ein langer Weg, der aber mit ersten Schritten beginnen musste. Sie liest immer wieder die verschiedenen Vorschläge. Es ist relativ einfach. Sie kann verschiedene neue Sätze ausprobieren und üben. Gewaltfreiheit entsteht, das erkennt sie sehr schnell, am echtesten und wirksamsten durch eine entsprechende Haltung. Wie bekommt man aber eine gewaltfreie Haltung? Sie findet dazu ein Kapitel.

Gewaltfreiheit?
Beginnen wir damit, eine notwendige gewaltfreiere Haltung einzunehmen. Machen wir uns beispielsweise klar, dass ein handelnder Mensch in diesem aktuellen Moment genau das tut, was er kann und was seinen aktuellen Bedürfnissen entspricht. Er handelt also richtig! Möglicherweise ist dieses für ihn richtige Verhalten für andere, für die Gesellschaft störend und nicht akzeptabel. Das sollten wir dann auch nur so empfinden, vertreten, sagen und bearbeiten. Wir sollten also z.B. nicht die Sätze benutzen: *Du bist schlecht. Du bist falsch. Das darfst du nicht. Du bist nicht ok. Du musst anders sein.*

Ausdruck einer **gewaltfreien Haltung**[12] sind beispielsweise Gedanken und dazu passende Sätze wie: *„Du hast gute Gründe, dich so zu verhalten, wie du es gerade tust. Für dich scheint das richtig zu sein. Das löst aber bei mir folgende Probleme aus ...", „Das ist für unsere Gemeinschaft nicht akzeptabel ...", „Das geht aus folgenden Gründen nicht ..."* usw. Die Sätze selbst sind es nicht, die die Wirkung auslösen, es wirkt die Haltung, die dann friedfertige Gedanken und konstruktive Gefühle verursacht wie:

Du bist ok, dein Verhalten aber nicht!

Es ist verständlich, wenn Sie jetzt trotzdem weiter über Extreme nachdenken und meinen: *„Manchmal muss Strafe doch sein."* Es ist durchaus richtig, dass manchmal die Möglichkeit für solche gewaltfreie Kommunikation zeitlich und auch tatsächlich nicht mehr besteht und konkretes Handeln sofort gefragt ist. Das gilt zum Beispiel in Polizeieinsätzen. Mit der angesprochenen inneren Haltung kann aber nach diesen „Nothandlungen" trotzdem immer noch konstruktiv weiter kommuniziert werden[13]. Kommt man denn nicht ganz ohne Strafen aus? Das ist eine sehr schwierige Frage. Die allermeisten Menschen sind nicht böse oder feindselig. Sie sind bereit, Rücksicht zu nehmen, zu helfen, ihr Verhalten anzupassen, damit es auch anderen gut geht. Sie wollen aber darüber hinaus

---

[12] M. Rosenberg, *Gewaltfreie Kommunikation* (verschiedene Bücher)
[13] Gibt es auch für die Polizei: Kommunikatives Einsatzmodell A: Die neue Polizei, 4/89 S. 187

geliebt und geachtet werden und nicht täglich hören, dass sie nicht ok sind. Auf keinen Fall wollen sie weder körperlich noch psychisch angegriffen oder verletzt werden.

Der größte Teil unserer gesellschaftlichen Gewaltprobleme könnte tatsächlich allein mit einer anderen Haltung und mit einer anderen Sprache beseitigt werden[14]. Ein Mensch, der irgendwann glaubt, dass er wirklich nicht richtig ist, weil er es ständig hört, wird sich nicht ändern, sondern sich zurückziehen, verlogene Rollen spielen, um Zuneigung buhlen, destruktiv, egoistisch und irgendwann gewalttätig und rücksichtslos werden und möglicherweise darüber nachdenken, Rache zu nehmen, andere zu dominieren, sie für seine egoistischen Zwecke ausnutzen und ihnen Gewalt antun. Er wird mindestens so handeln, wie er behandelt worden ist. Mit anderen Worten: Gewalt bringt neue Gewalt hervor. Aggressionen und Verletzungen warten auf Rache. Es entsteht ein gesellschafts-schädlicher Teufelskreis, den wir täglich beobachten können. Es gäbe hier viel zu tun. Unnötige Gewalt und Aggression könnten unterlassen und verhindert werden.

Gibt es dann noch erforderliche Reste?
Welcher notwendige Rest an Gewalt bleibt dennoch übrig? Das ist, wie gesagt, schwer zu beantworten. Es muss aber klar sein, dass selbst in den Bereichen, in denen wir eine Gewaltanwendung zulassen wollen oder müssen, eine *Aggressivität* immer noch unzulässig ist. Ein Polizist hat die

---

[14] Siehe hierzu auch: gluecksfinder.jimdo.com

Staatsgewalt zu vertreten, seine Aufgaben zu erledigen, Anordnungen zu treffen und andere gegen ihren Willen festzunehmen und das möglichst ohne Aggressivität. Lehrer sollen für ordentlichen Schulbetrieb, für notwendige Disziplin und angemessenes Verhalten sorgen. Eltern müssen gesellschaftlich akzeptiertes Verhalten weitergeben. *Doch keiner von ihnen hat die Lizenz, mit Aggressionen zu schädigen oder andere zu besiegen.*
Ohne Aggression auszukommen, ist leider keine leichte Pflicht[15]. Es erfordert, wie bereits erwähnt, neben Einsicht auch viel Kompetenz, Disziplin und Übung, weil wir mit der alten Strategie zu viele Jahre verbracht haben. Es ist deshalb verständlich und „normal", wenn in Konfliktsituationen trotzdem immer wieder Aggressionen hochkommen, weil vieles wie ein individueller Angriff aussieht, der angeblich eine Verteidigung erfordert.
Kommunikationswissenschaftler wissen: Auf einen tatsächlich beabsichtigten verbalen Angriff kommen mehr als einhundert „ungeschickte Gesprächseröffnungen", die sich nur mit den persönlichen Problemen des Senders beschäftigen, die aber vom Empfänger fälschlich als Angriff empfunden werden und in Wirklichkeit sind sie es nicht. Man hört häufig: *„Dann sollen die doch vernünftiger senden, dann passiert das nicht."* Das ist eigentlich richtig, natürlich ginge das, aber um in der Gewaltfreiheit vorwärts zu kommen, muss man bei sich selbst anfangen und nicht auf die anderen warten und sie in der Zwischenzeit beschimpfen und bewerten.

---

[15] Erfahrungsgemäß geht es nicht ohne intensive Arbeit mit Selbstformung oder Fortbildung.

Neben einer Gewöhnung und einer falschen Einschätzung der Situation sind die fehlerhafte Entschlüsselung der Botschaft, mangelnde Sprachkompetenz und häufig ein schwaches, gefährdetes Selbstwertsystem die Ursache. Das alles ist in unserem Alltagsleben normal und fällt kaum noch auf, weil es nahezu alle so machen. Erst wenn wir über dramatische Vorgänge entsetzt sind, nachforschen und alles überdenken, kommen wir auf diese Gründe. Es entbindet uns aber nicht von der Pflicht, unsere Kultur langfristig menschengerechter zu verändern und solches Verhalten zu unterlassen. Menschen haben grundsätzlich die Möglichkeit, sich von den hochkommenden animalischen und angeborenen Aggressionswünschen zu befreien. Wir können sie nahezu immer frühzeitig bemerken, dämpfen, unschädlich machen, in sinnvolle Richtungen lenken oder gewaltfrei kommunizieren.

Diese Ausführungen geben Anna zu denken. Kann so eine menschengerechtere Gesellschaft mit weniger Gewalt aussehen? Möglicherweise. Leicht ist das wahrlich nicht, aber wenn wir als „Krone der Schöpfung" so weitermachen, unterscheiden wir uns nicht von Primaten. Ein gutes Gewissen, denkt sie, kann eigentlich nur der haben, der es für diese Bereiche nicht benutzt, alles nicht weiß und überhaupt nicht nachdenkt. Warum hat das Thema nicht mehr Präsenz im öffentlichen Diskurs?
Warum interessieren sich ihre Gesprächspartner kaum für diese Themen? Sie wollen offensichtlich diese Teile gar nicht sehen. Es lässt sie kalt, auch wenn Anna selbst innerlich glüht.

Ihrem Mann nimmt sie es sogar manchmal übel. „Er liebt mich doch, da müsste er sich doch auch für mich und meine Gedanken interessieren." Das tut er aber, wenn überhaupt, nur oberflächlich. Gedanklich kehrt er schnell wieder zu seinen eigenen Problemen zurück.
Unterstützt und bekräftigt wird sie von der Entdeckung, dass viele große Denker, wie z.B. Heidegger, Fromm, Mitscherlich, Marcuse, Adorno und Horkheimer ähnliche Gedanken veröffentlicht hatten.

„Ich nehme mir fest vor, mich nicht zu ärgern, weniger zu bewerten und mich selbst zu verbessern." Mit diesen Gedanken, Gefühlen und kleinen Anwendungsversuchen vergehen die nächsten Monate. Die Beziehung zu Hans hat sich trotz seiner Schwierigkeiten mit dem Thema deutlich verbessert. Allein der Gedanke, dass er sagt und tut, was für ihn in dem aktuellen Moment richtig erscheint, erlaubt ihr, liebevoller und verträglicher mit allem umzugehen. Es ist eine Erleichterung, sich ohne jede Überheblichkeit und Feindseligkeit in der Situation konstruktiv begegnen zu können.
Sind die Verhaltensweisen ihrer Mitmenschen jedoch zu krass und deutlich, gelingt ihr das nicht mehr. Sie fällt in die alten Muster zurück und schimpft innerlich über das unmögliche Verhalten. In diesen Augenblicken bewertet sie das Verhalten mit persönlichen Maßstäben und denkt schlecht über die Menschen. Alles geht eben doch nicht, schon gar nicht schnell. Mit einem kleinen Trick versucht sie, sich selbst ständig zu erinnern und alles zu festigen. Sie hat eine kleine Karte in ihre Geldbörse gesteckt, darauf steht:

Ich weiß nicht, was andere Menschen denken und fühlen. Ich interpretiere ihr Verhalten und bin dann wegen meiner <u>eigenen</u> Gedanken beleidigt.

Es ist nicht so einfach, mit jahrelang geübtem Verhalten aufzuräumen. Unangenehm berührt ist sie manchmal, wenn sie in harten Fällen wieder über Strafen und Sanktionen nachdenkt. Hat sich doch noch nicht genug bei ihr geändert? Sie weiß nicht, ob sie zufrieden oder unzufrieden sein soll.
In den nächsten Monaten macht sie vieles besser als früher. Auch andere merken das. Aber so ein richtiger Durchbruch ist es nicht. Sie hat deutlich das Gefühl, dass ihr Leben irgendwie einen neuen Anfang nimmt. Es verändert sich viel. Sie schließt ab mit vielen alten Dingen und Belastungen, kann sogar über alte Katastrophen lachen und den Kopf schütteln. Sie fühlt sich frei und will jetzt endlich völlige Klarheit schaffen. Das ist die Idealvorstellung, der sie folgen will.
Dann kommt ein ganz besonderer Tag, der ihr Leben noch einmal verändern soll. Es ist nicht vorhersehbar, wie so häufig im Leben. Nichts Großes geschieht, die Welt bleibt nicht stehen. Unbemerkt trifft sie eine Erkenntnis, die ihrer Sehnsucht endlich einen Namen gibt.

Sie hat sich, wie viele Male zuvor, zu einem Fortbildungsseminar angemeldet. Mehrere Tage sollen in einem Hotel mit dem Thema Kommunikation verbracht werden. Eigentlich will sie nur mit gutem Beispiel vorangehen. Ihre Kolleginnen sollen, von ihrem Modell angeregt, sich auch zu solchen Fortbildungen anmelden. Da es im Arbeitsbereich regelmäßig zu Unstimmigkeiten und Streit kommt, hat sie nicht zu Unrecht das Gefühl, dass andere Akteu-

re kommunikative Inhalte dringender bearbeiten sollten als sie. Außerdem gilt sie als gute Gesprächspartnerin mit außergewöhnlicher Zuhörkompetenz. Trotzdem meldet sie sich sofort und begibt sich pflichtbewusst zum Seminar. Die ungefähr gleich alte Teilnehmergruppe besteht aus sieben Frauen und drei Männern. Schnell wird ihr klar, dass sie den anderen vieles voraus hat. Sie kennt sich mit den meisten Inhalten bereits gut aus, daher beschäftigt sich der Seminarleiter überwiegend mit den anderen Teilnehmern. Sie ist geduldig und verspürt eine gewisse Überlegenheit, die sie einerseits genießt, sich andererseits dafür auch in geringem Maße schämt. Häufig wird sie bei Rollenspielen hinzugezogen und kann erfolgreich ihre Kompetenz vorführen. Schon am zweiten Tag ist sie von allen geachtet und umworben. Das ist hier auch nicht anders als auf ihrer Arbeitsstelle. Sie spürt aber jede Minute mehr, dass sie das hier so nicht will. Sie will etwas Neues lernen, wachsen und sich weiterentwickeln, und so geht das nicht. Sie ist jetzt an der Reihe. Es kann doch nicht immer nur um die anderen gehen.

Der Seminarleiter versteht ihr Anliegen, kann ihr aber nicht helfen, die Schwächeren benötigen seine ganze Aufmerksamkeit. Er bemüht sich sehr, beteiligt sie häufig, sieht sie regelmäßig an und wartete auf ein Nicken, auf Zustimmung. Doch die Inhalte verblassen weiter und ihre Motivation sinkt.

Und noch etwas Unangenehmes kommt hinzu: Bei praktischen Inhalten und Rollenspielen versuchen die Teilnehmer einen guten Eindruck bei den anderen Gruppenmitgliedern zu hinterlassen. Sie tun alles, um sich nicht zu blamieren, sondern zu beein-

drucken. Das ist nicht echt, das ist aufgesetzt. So komm es, dass auch nichts wirklich Neues erprobt wird. Altes wird aufgewärmt. Nichts kann in Ruhe reifen und wachsen. Das gefällt ihr gar nicht. Sie ist für echte und ehrliche Wachstumsschritte bereit, wartete förmlich darauf. Die sind aber zurzeit hier nicht möglich und für sie schon gar nicht. Nicht ganz ernst und nicht mit letzter Konsequenz denkt sie schon daran, das Seminar abzubrechen. Doch dann komm die Wendung.

Beinahe gleichzeitig fangen zwei der Männer einen Kleinkrieg an. Führungsansprüche in der Gruppe werden angemeldet, Lösungen, auch die des Leiters, in Zweifel gezogen. Diskussionen, Selbstdarstellung, Angriffe und Verunglimpfung rauben den Rest der Zeit und füllen sie mit vielfältigen Rangordnungskämpfen. Es ist genauso, wie in vielen Gruppen in ihrem Amt. Mit Interesse beobachtet sie das Geschehen und wartet darauf, dass sie jemand angreift, denn nicht alle mögen sie gut leiden. Seltsamerweise kommt das nicht vor, obwohl sich jetzt auch alle anderen mehr oder weniger an den Kämpfen beteiligen. Selbst eine zuvor sehr vorsichtig und bescheiden wirkende Frau beteiligt sich jetzt auf einmal in einer nicht vermuteten Stärke und Aggressivität. Es geht hoch her, höher als in den Stunden zuvor. Die Inhalte treten in ihrer Bedeutung sehr stark zurück.

Der Leiter, ein feinfühliger und warmherziger Typ, versucht erfolglos zu vermitteln und die Richtung zu ändern. Als das nach mehreren Versuchen nicht funktioniert, interveniert er mit Sachinhalten. Schließlich wendet er sich an die wenigen, die unbeteiligt wirken. Alles ohne Erfolg. Es wird weiter gekämpft. Koalitionen bilden sich. Fronten stehen sich gegenüber. Anna betrachtet alles mit großem Interesse. Es ist für sie, als würde alles auf einer Bühne stattfinden. Es ist total spannend, viel eindeutiger, klarer und offensichtlicher als normalerweise in ihrer Arbeitswelt. Dort ist das alles normal und an der Tagesordnung, nur viel versteckter und so verfeinert, dass man es oft nicht sieht. Es steckt in Protokollen, in Bemerkungen, in Geschichten und Witzen über Personen, in Lügen und Halbwahrheiten. Wie satt sie das alles hat! Aber es ist ja scheinbar normal, wie sie hier sehen kann. Es erstaunt sie, wie viel Kraft darin steckt. Eine überraschende neue Erkenntnis. Was könnte man mit dieser vergeudeten Energie alles erreichen?

Nach der Mittagpause sorgt der Leiter für die nötige Aufmerksamkeit und macht klar, dass das Seminar so nicht weiter gehen kann. Er werde sich ab jetzt nicht mehr regelnd einmischen, sie seien ja schließlich alle gut ausgebildet und erwachsen. Es entsteht eine ziemliche Aufregung mit Anklagen, Unterstellungen, Aufbauschen und Herunterspielen. Unnatürliche Gesprächspausen treten auf, die kaum zu ertragen sind. Eine greifbare Feindseligkeit schwebt zwischen den Teilnehmern. Wutausbrüche wechseln sich mit Appellen und Hilflosigkeitseingeständnissen ab. Unerträglich und peinlich.
Der Seminarleiter wird hasserfüllt angesehen und erfolglos angegriffen. Er schweigt. Einige wollen das Seminar verlassen und nach Hause fahren, zögern aber noch aus ungeklärten Motiven. Die Spannung ist auf einem Höhepunkt angekommen. Wie bei einem Theaterstück bricht plötzlich alles zusammen und verkehrt sich ins Gegenteil. Ohne jede Ankündigung und erkennbare Ursache sind sich urplötzlich alle einig und bitten sichtlich erleichtert den Leiter,

doch wieder zu leiten. Der zögert und nennt schärfere Bedingungen für die Zukunft, die alle auffällig schnell akzeptieren.
„Was für kleine Opportunisten", bewertete Anna das Geschehen und die Akteure. Gleichzeitig ermahnte sie sich: „Du wolltest die Menschen annehmen, wie sie sind und nicht ständig bewerten und urteilen".
Es folgt eine Aufarbeitung der Geschehnisse auf einer Meta-Ebene. Lustiger weise bemüht der Leiter das Bild eines kleinen Engels namens Meta, welcher ständig über uns fliege und uns beobachte. Was denkt wohl dieser kleine Engel über uns? Was tun die da?
In erstaunlich kurzer Zeit sind alle Erlebnisse erinnert, analysiert und die Strukturen des Kampfes und die eingenommenen Rollen für jeden klar. Nur zarter Protest kommt bei zu starker Be- oder Verurteilung auf. Geschickt fügt der Leiter unbekanntes Wissen über Gruppenstrukturen und Rangordnungen ein und sorgt für einige Aha-Momente. Aber auch Zweifel und Kopfschütteln kommen vor. Am wenigsten wird die Theorie akzeptiert, dass wir Menschen uns grundsätzlich nicht anders verhalten als bestimmte Tierarten, dass wir eigentlich animalisches Verhalten zeigen. Der Leiter erklärt ausführlich, dass solche sozialen Regeln mit Rangkämpfen bei den Primaten, aber auch bei den Haushühnern in Form von Hackordnungen vorkommen und ganz bestimmten Gesetzen folgen. Nichts anderes war kurz zuvor geschehen. Die Erkenntnis, dass wir uns nicht viel anders verhalten als Haushühner, ist ein großer Brocken, den nicht alle schlucken können. Beinahe wäre es wieder losgegangen. Erst das geschickte Einlenken des Leiters, dass ja keiner sich so verhalten müsse, dass wir Menschen sehr wohl in der Lage

seien, uns auf „angemessenere" Art zu verhalten, machte so viel Hoffnung, dass der große Bissen hinuntergewürgt wird.
Man spricht noch eine gewisse Zeit über das Wie. „Was ist denn die angemessene soziale Form für Menschen"? Es reift zunächst nur ein Gruppenmotto, eine neue Regel, es ohne Rangordnung zu versuchen, ohne Kämpfe. Es solle keine Seminarbesten geben, keine Zensuren und entsprechende Beurteilungen. Jeder soll nach seinen Möglichkeiten in größtmöglicher Freiheit handeln dürfen. Die anderen haben ab sofort nur noch die Rolle des Helfers, nicht des Richters oder Beurteilers, schon gar nicht mehr die des Besserwissers.
Die folgenden Stunden sind geprägt von erstaunlich schnell wachsender Harmonie und Nähe. Es ist, als gäbe es etwas nachzuholen. Auch in den Pausen und am Abend intensivieren sich die Gespräche und Beziehungen. Innerhalb des Seminars berichten einige von sehr persönlichen Problemen, von Schwächen und Ängsten und sind froh und erleichtert, dass nichts passiert. Das steckt an. Mit tiefer Betroffenheit und Dankbarkeit erleben sie, dass sie so sein durften, wie sie sind. Plötzlich gibt es so etwas wie Angst- und Blamagefreiheit. Man darf schwach oder unvollkommen sein, muss nicht mehr so sein, wie andere einen haben wollen, keine Rolle spielen. Keiner will der Beste sein.
Es ist, als wäre ein Damm gebrochen, beinahe alle machen von der neuen Stimmung Gebrauch. Dennoch sind sie alle noch vorsichtig und sehr ernst bei ihrer Sache. Die gegenseitige Achtung wächst und ist von nun an unausgesprochene Verhaltensregel. Sie wächst sogar, obwohl einiges falsch gemacht wird und vorübergehende Unfähigkeit mit den alten Verhaltensweisen auftritt. Anna denkt einige Male,

dass vermutlich genau dieses Zulassen von Unvollkommenem und von kleinen Fehlern Sympathie bringt. Vergleicht sie das mit ihrer Arbeitsphilosophie, keine Fehler zu machen, immer perfekt zu sein, immer das Beste zu geben, keine Kompromisse zu machen, so nährt sich in ihr der Verdacht, dass sie vielleicht genau deshalb nicht so geliebt und geachtet wird, wie sie sich das wünscht. Aber soll sie deshalb Fehler machen? Sie sieht da keinen vernünftigen Weg. In der verbliebenen Zeit kann in der Gruppe noch vieles zugelassen, erprobt und gelernt werden. Am Seminarende verabschieden sich alle wie nahe Verwandte, wie gute Freunde, versprechen sich das eine und andere und gehen auseinander.

Die Ereignisse dieser letzten Tage begleiten sie noch lange. Damit hat Anna nicht gerechnet, das hat sie nicht erwartet, das hat sie von sich selbst auch nicht gedacht. Sie hat sich bei eigentlich fremden Menschen fallen lassen, war für einige Zeit sie selbst, braucht nicht auf der Hut, nicht immer und jederzeit gut und perfekt zu sein, konnte ohne Angst Dinge an sich zeigen, von denen sie eine schlechte Meinung hatte. Das war unendlich wohltuend. Keine Rollen mussten gespielt werden. Das Gleiche konnte sie auch bei den anderen wahrnehmen, ohne Konkurrenz oder Bewertung.
Das alles berührt sie in einer nicht gekannten Intensität. Wie ist das möglich? Es geht also doch! Dieses Gefühl ist schön, leicht und trotzdem tiefgehend und erfüllend. Frei sein! Alles ist leicht. Warum war das nicht früher schon einmal passiert? Warum ist diese Leichtigkeit nicht zwischen ihrem Mann und ihr vorhanden, wo sie sich doch wirklich lieben und verdammt gut kennen und es absolut gut meinen? Warum passieren auch zwischen ihnen beiden Macht-

kämpfe? Diese Fragen müssen beantwortet werden, aber ein tiefempfundenes angenehmes Gefühl überlagert alles. Ihr geht es gerade sehr gut. Geradezu euphorisch lässt sie die nächsten Tage auf sich zukommen. Sie vergleicht ihre bisherige Suche und Unruhe mit jemanden, der viele Stufen eines Gebäudes emporsteigt, zwischendurch anhält, verschnauft, wieder neue Kraft sammelt, um dann in ein neues Stockwerk zu kommen. Dort ist sie jetzt. Die Anstrengungen der letzten Monate sind vorbei. Alles ist leicht, weit und unverstellt.
„Das ist Freiheit", denkt sie beglückt. Etwas später fragt sie sich: „Ist das neue Stockwerk leer oder sehe ich noch nichts? Vielleicht gibt es auf dieser Ebene auch tolle, unbekannte Dinge. Wie auch immer, hier ist es gut, hier fühle ich mich wohl."
Anna sucht in den nächsten Tagen nach Literatur in den Suchmaschinen, bestellt Bücher und liest viele Tage, denkt über alles nach und findet eine überraschende Erklärung für die alten Mängel. Sie liest:

Wir wissen es schon, wir leben überwiegend nach Regeln, die wir mit Haushühnern und Primaten teilen, nach <u>Rangordnungsprinzipien</u>. Dabei geht es bei uns Menschen nicht ausschließlich um Futter und um Fortpflanzung, also um Gen-Fitness. Wir machen das viel differenzierter, aber nicht sinnvoller. Bei uns geht es zusätzlich noch um strategische Macht, um Ehre, um Ansehen und um Fragen wie: *„Wer hat das größte Auto, das neuste Handy?"* Aber was ist schlimm daran? Eigentlich nur eine Kleinigkeit. Eigentlich wollen alle nur gesehen, geliebt und geachtet werden. Für dieses Ziel benutzen wir lediglich falsche Verhaltensweisen. Solche Aktionen passen nicht zur „Krone der Schöpfung", und sie haben sich, wie wir noch sehen werden, von positiver, natürlicher Wirkung ins Gegenteil verkehrt. Sie schädigen. Unnötige Gewalt und Aggressionen nehmen zu. Zusätzlich wird die Schere zwischen Arm und Reich größer, und Zukunftsprobleme werden trotz trostlosen Reichtums immer unlösbarer.

„Man kann eben nur das »sehen«, was man kennt", denkt Anna. „Das gilt nicht nur für Dinge, die gegenständlich sind und wahrgenommen werden, sondern sicher auch für Gefühle, Stimmungen und Betriebsklima. Erst wenn wir mit Gutem wie Schlechtem Erfahrungen gemacht haben, sehen und erkennen wir es an vielen kleinen Indizien und Äußerungsformen. Zusätzlich ergibt sich dann auch die Möglichkeit eines Vergleichs. Wer nie eine erfüllende und wirklich harmonische Beziehung kennen gelernt hat, kann das auch nicht mit anderen, eigenen oder fremden Beziehungen vergleichen. Ihm fehlt das entscheidende Bild. Ist meine Beziehung zu Hans eine erfüllende Beziehung? Eigentlich muss es doch noch besser gehen. Das Gleiche gilt dann sicherlich auch für gesellschaftliche Bilder. Zur Verfügung stehen mir nur die Erfahrungen, die in meinem Leben vorgekommen sind und die ich zur Kenntnis genommen habe, wie z.B. das Seminar. Ausgeschlossen sind damit möglicherweise viele bessere Möglichkeiten, nur weil ich über sie nicht nachgedacht habe, sie nicht kenne oder noch nicht kennen gelernt habe. Gibt es solche?" In Ruhe und unterbrochen von anderen Motiven aber zielgerichtet und unbeirrbar, sucht sie nach Texten und Quellen.
Sie bemerkt ziemlich schnell, andere Menschen haben ähnliche Gedanken und Sehnsüchte. Es gibt anscheinend viele Menschen, die das alles spüren und

ein Unbehagen in der aktuellen Situation entwickeln und auch darüber schreiben. Sie liest viel.

Wo stehen wir?

Bezogen auf zwischenmenschliche Beziehungen stellt sich dieses Unbehagen für viele so dar, dass *"(...) weder viel Liebe noch viel Hass zu finden ist. Eher herrscht eine oberflächliche Freundlichkeit und ein mehr als oberflächliches faires Verhalten; aber unter der Haut sitzt Distanz und Gleichgültigkeit."*[16] Das bezieht sich nicht nur auf die Gesellschaft als Ganzes, sondern auch auf die Arbeitswelt, die Nachbarschaft und größtenteils auch auf die sogenannten Freunde. Bei genauem Hinsehen scheint das sogar für viele Paarbeziehungen zuzutreffen. Die Belastungen des modernen Alltags mit den vielfältigen Anforderungen an jeden Einzelnen einerseits und andererseits die attraktiven Angebote der Werbung und Umwelt mit Reizüberflutung lassen die Fantasien blühen. So toll kann alles sein. Die erwünschten Sollwerte und Erwartungen nehmen unrealistische Formen an. Die Wünsche und sekundären Bedürfnisse wachsen. Das führt dazu, dass wir immer größere Ansprüche an Leben, Freizeit und Beziehung stellen, ohne sie in gesundem Verhältnis auch befriedigen zu können. Wir sind immer weniger in der Lage, diese materiell wie auch durch persönliches Verhalten selbst zu erfüllen. Den Allermeisten geht es so. Unzufriedenheit vermehrt sich. Es ist nicht schwer, negative Zustände und Entwicklungen im

---

[16] Erich Fromm: Der moderne Mensch und seine Zukunft, Frankfurt a. M 1960, Rest ist sinngemäß

Alltag zu beobachten. In der Tat findet sich in unserem Gesellschaftsleben zu häufig ein Mangel an sozialer Zuwendung, an echter und ehrlicher Nähe, an wirklichem Interesse. Es ist keine Seltenheit mehr, dass Menschen in unserer reichen Gesellschaft leiden, ohne irgendeine Reaktion der Umgebung, dass Nachbarn versterben, ohne dass andere Hausbewohner es bemerken. Mangelkrankheiten aus fehlenden sozialen Kontakten sind deutlich auf dem Vormarsch und das nicht nur im psychischen Bereich, auch allgemeinmedizinische Auswirkungen sind nicht mehr zu verleugnen. Unsere modernen Unterhaltungsmedien, Computernetze und elektronischen Spiele fördern diesen Prozess in noch unbekanntem Maße. Aggressionen tauchen ohne sichtbare Ursache auf, werden ausgelebt. Viele Indizien deuten darauf hin, dass Gewalt allgemein zunimmt.

Dieser eher negativen Sicht kann man natürlich berechtigt entgegentreten und viele Vorteile der modernen Zeit aufzeichnen, wie zum Beispiel die Fortschritte der Technik und Medizin. Oberflächlich betrachtet und allgemein gesehen sind wir freundlich und hören auch ganz ordentlich zu. Allerdings reicht diese Qualität nicht aus für eine menschengerechte soziale Struktur mit anderer Sicherheit, Geborgenheit und Angstfreiheit. Je länger dieser Zustand andauert, desto weniger wird er bemerkt. Es fehlen die Vergleiche und andere Erfahrungen, es wird normal, obwohl es das nicht ist.

Es hat in der Menschheitsgeschichte vermutlich keine Zeit gegeben, in der der Mensch mehr Möglichkeiten für Zufriedenheit und Glück gehabt hat als in der heutigen. Leider deutet alles darauf hin, dass er auch nie so unzufrieden war.

Ein Paradoxon? Sicherlich rekrutiert sich das Unwohlsein auch noch aus vielen anderen Gründen, aus Angst vor Krieg oder Altersarmut und Arbeitslosigkeit zum Beispiel. Aber es bleibt festzustellen, so glücklich und zufrieden wie wir sein könnten, sind wir nicht. Glaubt man den Untersuchungen, zum Beispiel dem Happy Planet Index, so gehören wir trotz bester finanzieller und materieller Voraussetzungen zu den Unzufriedenen.[17] Einen hinteren Platz belegen die Deutschen. Vorne liegen Länder, die ärmer sind, mit weniger Konsum auskommen und insgesamt genügsamer sind. Gibt es einen Grund, es auf Angst zu schieben? Haben die anderen weniger Zukunftsangst? Sie haben zunächst im Durchschnitt sogar eine erheblich kürzere Lebenserwartung.
Eins steht fest, Geld, Konsum, Macht und Aussicht auf ein relativ längeres Leben haben keinen Einfluss, machen nicht glücklich[18]. Es fehlt an Gerechtigkeit, Genügsamkeit, an Hoffnung und, wie wir noch sehen werden, an menschengerechteren Bedingungen. Es fehlt einem großen Teil der jungen Menschen eine glaubhafte Zukunftsprojektion mit wachstumsorientierten Leitbildern und tragfähigen Idealen, eine praktikable und mit dem Herzen zu begreifende Zukunftsaussicht, ein Ziel, für das Anstrengungen wirklich lohnen. Das gilt

---

[17] New Economics Foundation, 2006, Happy Planet Index, Infos: happyplanetidex.org oder neweconomics.org
[18] Sinngemäß nach Erich Fromm, Sein oder Haben

auch für die Vision der Gewaltlosigkeit. Stattdessen bereiten wir alle darauf vor, dass die Zukunft von Schulden erdrückt und von ausgebeuteten Ressourcen behindert wird. Natürlich haben auch die Jüngeren individuelle Werte in großer Zahl verinnerlicht, die auch eine gesellschaftlich akzeptierte Qualität haben. Sie haben aber bezüglich einer gesunden Gesellschaft und zufriedenstellenden Zukunftsgestaltung eine unfruchtbare und teilweise erschreckend egoistische Qualität. Viele spüren, dass da etwas nicht stimmt.

Das ist bei Anna nicht anders. Auch sie spürt das, aber so richtig ist ihr immer noch nicht klar, was sie konkret tun kann oder soll. Die vielen kleinen Veränderungen hatten in der letzten Zeit schon eine tolle positive Wirkung. Das merkten auch die anderen in ihren Beziehungen. Auch Hans hat das schon einige Male angesprochen. Er kann sich über die Wachstumsschritte nicht so freuen, wie Anna es sehnlichst erwartet. Im Gegenteil, er hat Angst um die Beziehung, wie er es oft formuliert. Es ändert sich zu viel, zu schnell und in für ihn unbekannte Richtungen. Aber Anna weiß, er hat auch Angst um sich, um seine Gewohnheiten, seine Vorteile und Annehmlichkeiten. Zum ersten Mal erlebt sie, dass sie das empfinden kann, ohne jeden Groll, sogar mit einer gewissen Leichtigkeit und Wohlwollen. Vor einigen Jahren hätten sie darüber gestritten, jetzt nicht mehr. Es macht ihr immer mehr Freude, sich in diese Richtung zu orientieren. Und es erstaunt sie, wie viel unter den verschiedensten Titeln über dieses Thema geschrieben wurde. Aus Neugier ist Freude und Sicherheit entstanden. Sie ist sich sicher: Sie befindet sich auf dem für sie richtigen Weg. Beim Dalai Lama liest sie:

„Wir stehen gegenwärtig vor vielen Problemen. Einige dieser Probleme haben wir selbst hervorgerufen, weil wir das Trennende betont haben, die Unterschiede bezüglich Weltanschauung, Religion, Rasse, ökonomischem Status und anderen Faktoren. Deswegen ist es nun an der Zeit, unser Denken in einer tieferen Ebene zu verankern. Wir sollten nun als Menschen denken und von dieser Ebene der Menschlichkeit auch die anderen als Menschen anerkennen und würdigen, uns ebenbürtig, ja, in tieferem Sinne sogar wesensgleich. Bei aller Verschiedenartigkeit der Kultur, Lebensphilosophie, Religion oder des Glaubens müssen wir uns eine innigere Beziehung aufschließen, die auf gegenseitigem Vertrauen aufbaut, auf Verständnis, Respekt und Hilfsbereitschaft. Schließlich sind alle Menschen gleich. Wir alle bestehen aus Fleisch, Knochen und Blut. Die Gleichheit erstreckt sich auch auf unser Fühlen: Wir alle wollen glücklich und von Leiden frei sein. Wir alle haben das gleiche Recht auf Glück. Mit anderen Worten: Es ist wichtig, dass wir unsere Gleichheit als Menschen sehen und anerkennen. Wir alle sind Mitglieder der einen menschlichen Familie. Wenn wir uns streiten, dann immer aus Gründen, die nur zweitrangig wichtig sind. Am Ende macht keine Auseinandersetzung Sinn. Meinungsverschiedenheiten, gegenseitiges Übervorteilen und Unterdrücken bringen keinem irgendeinen Vorteil. Leider haben jedoch viele Jahrhunderte lang schlechte Menschen ihre Mitwelt mit allen möglichen Methoden missbraucht und geschändet. Und dies hat nur noch mehr Probleme heraufbeschworen, noch mehr Leid und Misstrauen, die zu weiterem Hass, weiteren Spaltungen führten. ….. Menschen sind geschaffen, um geliebt zu werden, Dinge sind dazu da, benutzt zu werden. Das Dilemma unserer Zeit liegt darin, dass wir die Dinge lieben und die Menschen benutzen"[19]

Es gibt viele Erklärungen für unsere Schwierigkeiten, menschengerechteres Zusammenleben zu organisieren. Aber es gibt auch Hoffnung und Lösungsansätze. Es mehren sich die Zeichen dafür, dass es eine Trendwende gibt. Die Bereitschaft, einiges Alte zu bewahren und sich trotzdem neuen Zielen zuzuwenden, zu suchen, neue Wege zu versuchen, scheint sich zurzeit wieder antithetisch zu entwickeln. Einige Untersuchungen deuten darauf hin. Gute Indizien für eine positive Veränderung und Hoffnung sind auch die internationale Friedensbewegung mit vielen Anhängern, der überraschend starke Zulauf zu den Kirchentagen und die offensichtlich vermehrte Bereitschaft, soziale Kontakte in Gruppen zu suchen, zu pflegen, Traditionen wieder ernst zu nehmen und auch bei aller Spaßsuche an ernsten Dingen zu arbeiten. Hilfsbereitschaft ist immer noch in großem Maße vorhanden (Oderhochwasser, Flüchtlinge usw.) Es gibt sogar ernstzunehmende Hinweise, dass die machtorientierte Abhängigkeit der Arbeit vom Kapital, die Abhängigkeit der Arbeitnehmer von Unternehmern abnehmen wird. Viele Anzeichen, wie autonomere Arbeitsbedingungen im Home-office oder flexiblere Arbeitszeiten, entwickeln sich im rasanten Tempo. Kompe-

---

[19] XIV Dalai Lama, Vortrag vor der Theosophischen Gesellschaft, in Wheaton, Illinois, U.S.A. und Interview 2016

tenz, Kreativität und geistige Fähigkeiten werden im Vordergrund stehen und die Bedeutung der nackten Arbeitskraft zu einem großen Teil ablösen[20]. Solche geistigen Fähigkeiten kann man aber nicht so einfach einkaufen und „versklaven". Die Unternehmen werden große Anstrengungen unternehmen müssen, sie zu bekommen und vor allem auch zu halten. Schon heute bemühen sich Unternehmen, die auf kluge Köpfe angewiesen sind, nicht nur für Arbeitszufriedenheit, sondern darüber hinaus für Wohlbefinden zu sorgen. Sie stellen für dieses Ziel beispielsweise Good-Feel-Manager ein, weil es sich lohnt. Sie haben verstanden, es scheint eine gute Investition zu sein. Es wird bestimmt noch spannend. Aber alles Hoffnungsvolle löst nicht das Zukunftsproblem eines menschgerechteten Zusammenlebens.

Gleichzeitig mehrt sich der Widerstand gegen einige Dinge des Bestehenden, gegen Politik, Banken, Wirtschaft, Fremdsteuerung, Bevormundung und Zwänge. Eine neue Richtung wird gesucht, die Anhänger dieser Bewegung wollen etwas Besseres. Die Zahl derjenigen, die sich von dem Sozialcharakter der Konsumgesellschaft lösen, wird größer. Viele erkennen, dass z.B. im Teilen die richtige Richtung eingeschlagen ist. Sie teilen sich die Autos, Werkzeuge, Gärten, verteilen überzählige Lebensmittel und sind auch zu persönlicher Hilfe bereit. Es wird immer weniger ungeprüft übernommen. Und das ist gut so! Der Unmut wird manchmal als Hilfeschrei formuliert

---

[20] Matthias Horx, Smart Capitalism - Ende der Ausbeutung, 2001

und auch auf unsere Häuser gesprüht. „Überall monotone Graffiti, deren einzige Botschaft der Autismus ist. Sie beschwören ein Ich, das nicht mehr vorhanden ist."[21]
So unbefriedigend dieser Zustand auch sein mag, er kann hoffnungsfroh stimmen. Denn ein Mensch, der unzufrieden ist, Hilfe anmahnt, der ist auf der Suche und bereit zu lernen, er lebt noch und hat noch nicht resigniert und sich mit allem abgefunden. Erst wenn das langfristig nicht zum Erfolg führt, treten destruktive, krankmachende und unheilvolle Folgen ein. Es wird also Zeit! Das Gleiche gilt auch für die durchaus vorhandenen Suchbewegungen von Gruppen, sie lernen, sie entwickeln sich. Das überträgt auf die Älteren eine Verantwortung für die Lern- und Entwicklungsmöglichkeiten, für Chancen und Ziele. Hoffentlich verpassen wir die sich bietenden Möglichkeiten nicht.

Anna nickt. All dem kann sie zustimmen. Und hoffnungsfroh stimmt es sie tatsächlich. Nur wenn sie Nachrichten sieht oder aktuelle Berichte liest, wenn sie die Ungerechtigkeiten und unnötigen Gewaltanwendungen der Mächtigen registriert, dann schwächt sich dieses Hochgefühl für einige Zeit ab. Es macht sie nicht selten sehr wütend, mit welchen Schwierigkeiten und Aggression, mit welcher Gewalt Kritiker und Andersmeinende bekämpft werden. Zum Teil stellt es natürlich angeborenes Verhalten dar. Dieses Wissen beseitigt aber nicht das Mitleid, die Verzweiflung und die Wut darüber. Be-

---

[21] Hans Magnus Enzensberger: Aussichten auf den Bürgerkrieg, Frankfurt a. Main 1995

sonders deutlich tritt das ihrer Meinung nach bei den gesellschaftspolitischen Auseinandersetzungen zu Tage. Sie bekommt den Eindruck, dass die Zahl der gesellschaftlichen Konflikte auf der ganzen Welt zunimmt, aber leider auch die Antworten der Machthaber darauf. Mittlerweile wird wieder auf Demonstranten geschossen, Tote und Schwerverletzte hingenommen wie vor hundert Jahren. Diese schreckliche Zeit ist nicht vorbei, ein friedliches Zusammenleben noch immer eine Illusion. Anscheinend ist die animalische Erbschaft zu stark. Sie findet diese Gedanken in einigen Artikeln bestätigt:

Selbst den Optimisten ist mittlerweile klar geworden, dass ständiges Wirtschaftswachstum uns langfristig ruinieren wird. Die Kluft zwischen arm und reich wird systemimmanent in unserem Land und noch deutlicher im Vergleich zu den ärmeren Ländern dieser Welt immer größer, Ressourcen werden unnötig verschwendet, die Umwelt vergiftet, der Planet in ein Treibhaus verwandelt und die leidenden Menschen dadurch immer mehr angehalten, sich das nicht mehr gefallen zu lassen. Es drohen soziale Unruhen großen Ausmaßes, wobei die ständig wachsende Zahl der Flüchtlinge noch ein geringes Problem sein wird.

Leider verursachen wir durch unser aktuelles Alltagsverhalten im Kleinen schon genug Probleme. Diese erstrecken sich auf die Art, wie wir Reize innerlich verarbeiten, wie wir kommunizieren und wie wir unsere Umwelt organisieren. Betrachten wir zunächst den gesellschaftlichen Aspekt. Wie schon gesagt, leben die meisten Menschen wie

die Hühner und Primaten in Rangordnungen. Die hier geltenden Regeln sind dann natürlich ebenso animalisch. Soziale Formen haben grundsätzlich Vorteile für die Nutzer, z.B. weniger Angst, bessere Gesundheit. Auch die auftretenden Aggressionen sind viel geringer als wir allgemein glauben. Sie treten nach innen nur auf, wenn den Vorderen in der Rangreihe der Platz streitig gemacht werden soll, und das ist im Gegensatz zum Menschen dort äußerst selten. Allgemein herrscht ein ruhiges, aggressionsfreies Klima. Es ist alles überschaubar, und die allermeisten geben sich mit dem einmal erworbenen Rang zufrieden.
Für Menschen in modernen Gesellschaften haben sich diese Vorteile beinahe vollständig in absolute Nachteile verwandelt. Ein Grund liegt zunächst darin, dass der Mensch unzählige Rangreihen bildet. Wir nutzen Sportvereine (Tennis, Golf), um Rangreihen offensichtlich zu machen, ergänzen das mit einem Kult über Kleidermarken und beschäftigen uns damit, wer das neuste Handy besitzt, wer das teuerste Auto fährt, auch wenn nicht klar ist, ob das auch bereits bezahlt ist. Alle versuchen zumindest in einigen Bereichen „vorn mitzuspielen" und seien sie auch noch so unsinnig und nichtssagend. Leider ist der eingetretene Nachteil nicht nur auf das Individuum und auf die Interaktionsprozesse beschränkt. Es zwingt uns zu einer misstrauischen und grundsätzlich feindseligen Haltung gegenüber Außenstehenden. Wenn es, wie es tagtäglich geschieht, viele machen, werden unnötige Feindbilder kreiert, Missgunst und Streit ausgelöst. Fremde werden abgewertet, diskriminiert und ausgenutzt. Wie wir wissen und täglich berichtet bekommen, sind Kriege dann nicht mehr weit.

Das alles findet statt bei außergewöhnlicher individueller Intelligenz des Einzelnen und bei völliger Dummheit der sozialen Einheit, bei abgrundtiefer Unvernunft der Masse[22]. Es kommt dann zu dem unverständlichen Phänomen, dass z.B. ein hoch intelligenter Mensch den größten Teil seiner Kompetenz zu einem außergewöhnlich hohen Stand kultivieren kann, aber bei anderen Teilen eine erschreckende Dummheit zeigt, eine soziale Diffusion der Intelligenz, verursacht durch Defizite der Zuwendung. Man kann den Eindruck bekommen, dass es sich um einen Art Virus handelt, der epidemische Auswirkungen verursacht.

„Das ist alles so offensichtlich. Warum reagieren wir nicht?", fragt sich Anna. „Wenn wir nicht einsichtig werden, besteht die Gefahr, dass wir unseren Planeten ruinieren und möglicherweise uns selbst ausrotten. Das Merkwürdigste aber ist, dass das Dilemma seinen Ursprung im Individuum hat, dass es überwiegend nur darum geht, gesehen, geachtet und geliebt zu werden. Kein gesunder Mensch will Feinde und Krieg. Auch dreht sich nicht alles um Besitz, sondern kausal um das, was damit erreicht werden soll. Mehr Konsum wird die Leere nicht füllen. Es geht um Achtung, Selbstwert und Liebe."

Sehnsüchtig wünscht sie sich einen Ausweg. Sie findet einige Quellen, die aber so allgemein gehalten sind, dass sie ihr nicht helfen. Ein gangbarer Weg zeigt sich noch nicht. Sie ist sich trotzdem sicher, dass es etwas gibt, geben muss. Schließlich gelingt es dem Menschen ja auch, die Angelegenheit mit

---

[22] M. Schmidt-Salomon, Keine Macht den Doofen, 2012

sehr viel Kreativität und Einfallsreichtum zu pervertieren. Bestätigt werden ihre Gedanken von einigen Autoren:

Denn einfache „natürliche" Rangreihen reichen dem Menschen anscheinend nicht mehr, um die notwendige Anerkennung zu bekommen. Die guten Plätze sind alle besetzt. Sie benutzen deshalb all ihre Kompetenzen, ihre Einbildungs- und Fantasiekraft. Alle anderen Lebewesen wissen sehr genau, an welcher Stelle und an welcher Position innerhalb der Rangreihe sie stehen. Sie zweifeln auch nicht daran, wenn man von den relativ seltenen Rangkämpfen einmal absieht. Es ist sogar häufig so, dass sie den Rang beinahe zeitlebens beibehalten, obwohl sie mittlerweile durchaus eine andere Position einnehmen könnten. Eine Henne, die nach einigen Wirren den Rangplatz sechs eingenommen hat, behält diesen meist, obwohl sie als schwere und mächtige ältere Henne den dünnen Hahn und andere Nachwuchskräfte ohne große Probleme zurechtweisen könnte. Anscheinend reicht es auch so.

Der Mensch lebt aber ständig innerhalb einer großen Bandbreite der Eigenwahrnehmung und seines Bewusstseins. Er pendelt ständig zwischen einem Real- und einem Ideal-Ich hin und her und täuscht sich regelmäßig. Das heißt, er beschäftigt sich damit, wie er glaubt und wie er sich wünscht zu sein. Jedes Lob bringt die Wahrnehmung und das Bewusstsein näher an das Fantasieprodukt des Ideal-Ich. Misserfolg und Tadel zwingen auf realere Betrachtung der eigenen Person zurück. Besteht ein Mangel an Streicheleinheiten als notwendige Nahrung für das Selbstwertgefühl und das Selbstbewusstsein, versucht er meist einen

Ausgleich zu schaffen. Zunächst weist er alle auf seine Fehlbestände, dann auf seine Leistungen hin. Da die in der Regel aber normal sind, reagiert niemand. Man wundert sich nur. Er verstärkt seine Bemühungen, er gibt an, redet schlecht über andere und mäkelt an fremden Leistungen herum. Schließlich schreckt er auch nicht vor Selbsttäuschungen und unrealistischen Fantasien zurück. Wenn wir nur die Fantasien, Selbsttäuschungen und Tagträume betrachten, so fällt auf, dass der betroffene Mensch zu dieser Zeit glaubt, er sei nicht Huhn dreizehn, sondern Huhn zwei oder gar eins. Eine solche Leistung ist anderen Lebewesen, zum Beispiel den genannten Hühnern, gar nicht möglich. Der Mensch aber, als durchschnittlicher Schüler zum Beispiel, legt sich mit seinem Lehrer an, um zu beweisen, dass dieser keine Ahnung hat und er zumindest in diesem Fach der Primus sein könnte, wenn er nur wollte. Wer einen solchen Vorgang einmal beobachtet oder am eigenen Leibe gespürt hat, weiß, wie ungeheuer stark eine solche Motivation sein kann. Sie bringt neben Aggression und Streit auch (Gott sei Dank) einen starken Willen, sich zu verbessern und tatsächlich die Position zu erarbeiten, die man jetzt nur vortäuscht und die man sich einbildet. Der Lehrer macht diesen Streit in der Regel mit ähnlich starker Abwehrmotivation mit und legt sich über Wochen mit diesem Schüler nahezu in jeder Stunde an und zeigt ihm, wer hier „Affe eins" ist. So schult man sich gegenseitig. Alle zeigen ein Verhalten wie die Primaten, ein Studium schützt nicht automatisch davor.

All diese Beispiele und unzählige, die täglich passieren, sollen zeigen, dass aus der relativen Harmonie der sozialen Naturzustände ein unüberschaubares Gewebe von verschiedensten Aggressionen geworden ist. Der früher unbestreitbar vorliegende Vorteil der verschiedenen Gruppenformen wird von den vielen sich jetzt einstellenden Nachteilen aufgezehrt und ins Negative entwickelt. Alles wird zu Stress und fordert zu Aggressionen auf. Damit ist das Rangordnungssystem für den Menschen nicht nur fragwürdig, sondern unfruchtbar und schädlich geworden. Die natürlichen Vorteile haben sich ins Gegenteil verkehrt. Es schädigt, vernichtet Beziehungen und verbaut die Zukunft. Sozialer Stress kann auch, wie man weiß, erhebliche gesundheitliche Folgen verursachen. Es funktioniert eben nicht mehr mit der Erfolgsgarantie, die es für die Evolution und für Gen-Fitness prädestinierte. Durch das weitgehende Fehlen der natürlichen Selektion wird diese Untauglichkeit auch nicht mehr verändert. Durch die vielen verschiedenen Rangreihen, durch Aufenthalt auch in qualitativ verschiedenen Formen und der Neigung, unrealistische Rangpositionen zu fühlen und einzunehmen, passt der Mensch nicht mehr in dieses System. Aus einer relativ natürlichen und geregelten Aggressionslosigkeit ist eine Dauerbelastung mit Aggression und Stress geworden, die ziemlich krass und unsinnig ist.

Hinzu kommt, dass solche auftretenden Aggressionsakte für andere nicht genau zuzuordnen sind. Sie können nicht verstehen, nicht zuordnen, um was es gerade geht. Welcher Rang ist gemeint oder will jemand bloß Streit? Ratlosigkeit tritt ein, auf längere Sicht auch Rachegedanken, Vandalismus und erneute Aggressionen gegen andere. Viele werden vorsichtig und ziehen sich zurück. Es entsteht eine Art langfristige Konfliktspirale. Ergänzt wird dieser sehr ungünstige Vorgang noch durch politisch-wirtschaftliche Veränderungen der systematischen Entwertung des arbeitenden Menschen in der Neuzeit.[23] Menschen werden entlassen, obwohl das Unternehmen Gewinne macht. Auch die Zugehörigkeit von Jahrzehnten schützt nicht mehr vor einer Kündigung. Die Menschen werden immer mehr als Austauschobjekte betrachtet. Unabhängig von der Effizienz und dem persönlichen Einsatz werden die Entlohnungen gekürzt, der Einzelne immer weniger gesehen. Solche Erlebnisse werden als tiefe, persönliche Entwertung empfunden und zerstören den Rest der noch möglichen Sinnhaftigkeit von Rangordnungen. Ein gesundes Selbstwertgefühl, eine ausreichende Ich-Stärke kann sich so nicht mehr entwickeln. Das alles führt zu der Fragestellung, ob es nicht das System ist, welches für den modernen Menschen nicht mehr passt. Müssen wir uns wie Haushühner und Primaten benehmen? Geht das nicht besser, auf einem anderen Niveau? Wie müsste ein neues Sozialsystem für Menschen aussehen?

„Bei fremden Seminarteilnehmern geht es", denkt Anna. „Warum funktioniert es in der Gesellschaft und bei deinem Liebsten nicht? Liebst du vielleicht nicht wirklich oder liebt Hans dich nicht richtig?" Dieser Gedanke erschreckt sie. Plötzlich ist ein Teil der alten Angst wieder da. Die alten Rollen tauchen

---

[23] Bernd Sprenger: Im Kern getroffen: Attacken aufs Selbstwertgefühl und wie wir unsere Balance wiederfinden, München 2008

wieder auf, die Rolle des Partners, des Geliebten, des Kameraden. Das schöne Gefühl ist mit nur einem einzigen Gedanken aufgelöst und verschwunden. So darf das doch nicht sein! Wissen über das alles ist vorhanden, doch keine Empfindung. Sie spürt aber eine starke Sehnsucht danach.
Sie denkt viel nach, manchmal tut es sogar weh. Und plötzlich wird ihr klar, dass es diese angstfreie Harmonie in der Gruppe zwischen den Menschen war. Das ist es, was sie die vielen Jahre herbeigesehnt hatte, ohne es genau zu wissen oder benennen zu können. Doch was ist mit den vielen Rollen, die sie bisher spielen musste? Die gute Mitarbeiterin, die fehlerlose Kollegin, die super Vorgesetzte, die aufmerksame Nachbarin, die dankbare Tochter? Ist sie real die Summe all dieser Rollen? Steckt sie in einer mehr als in anderen? Oder findet sie sich, was noch viel entsetzlicher wäre, in keiner wieder? Befindet sie sich in einem Versteck und spielt außerhalb bloß Rollen? Dann ist es kein Versteck, eher ein Gefängnis. Ist sie so schrecklich, dass sie nach außen nicht sie selbst sein darf, sich sogar verstecken muss? Warum nur macht sie das alles, wenn es ihr nicht gut tut? Warum verhält sie sich nicht einfach anders?
Es ist Angst, einfach nur Angst! Die Angst nicht begehrenswert genug zu sein, nicht genug beachtet, gewertschätzt und geliebt zu werden. Ist sie so schwach und bedürftig? Vermutlich ja. Sie erinnert sich an ihre Kindheit, an die kleine Anna, die häufig hören musste, dass sie so nicht in Ordnung sei. Mehrmals ist sie versucht, ihren Eltern, insbesondere ihrer Mutter, die volle Schuld für dieses Dilemma zuzuschieben. Was soll aus einem Kind schon werden, das ständig hört, von den Eltern, den Nachbarn, im Kindergarten, in der Schule, es sei so nicht

richtig? Es wird doch gezwungen, sich zu verstellen und Rollen zu spielen, zu lügen und zu betrügen und sich zurückzuziehen.
Sie spürt genau, dass es diese echten Zuwendungen, diese interaktiven Streicheleinheiten, die ehrlichen Blicke waren, die sie wie eine unverzichtbare Nahrung benötigt. Bekommt sie davon nicht genug, setzt schlagartig Angst und Rollenspiel ein, Unehrlichkeit und Täuschung.
„Hohes Gericht, bedenken Sie die schuldausschließenden Hintergründe. Es ist doch so etwas wie Notstand, Notwehr oder Mundraub, von Kindheit an eingeübt. Es ist kein Verbrechen, nur eine Schwäche, die alle haben, auch Sie. Man wird krank, wenn man nicht genug geliebt wird, nicht genug bekommt, wenn es nicht funktioniert."
Häufig ertappt sie sich jetzt dabei, wie sie solche Verteidigungsreden entwirft. Für wen sie sie hält, das war ihr anfänglich nicht klar. Später sagt sie sich: „Natürlich machst du das irgendwie für dich, sonst würdest du sie ja auch anderen vortragen."
Dennoch bleibt eine leichte Unruhe. Konzentriert sie sich darauf, verschlechtert das ihre Stimmung, und eine innere Unruhe stellt sich ein, ohne jedoch ein richtiges Handlungsziel auszulösen. Sie ist fortan das ein oder andere Mal ziemlich ungeduldig und ein wenig zwanghaft auf der Suche nach echten harmonischen und angstfreien Erlebnissen. Aber solche kommen in ihrem normalen Alltag nicht vor. Ihre Entwicklung geht gefühlsmäßig sogar in die andere Richtung. Mit den neuen Erkenntnissen sieht sie die kleinen, versteckten und auch großen, brutalen Beispiele von Kämpfen auf der Arbeitsstelle, bei Kunden und besonders in ihrem privaten Bereich. Vermutlich treten sie nicht häufiger auf, nur jetzt sieht sie es deutlicher. Ungünstig ist, dass sie damit

auch emotional stärker betroffen ist und ihre Stimmungsbilanz schlechter wird. Ihre Beziehung zu ihrem Mann leidet manchmal ebenfalls darunter. Der kleinste Streit genügt und sie zweifelt an der Beziehung, an ihrer Kompetenz oder an der Gesellschaft allgemein.
Es kommt sogar vor, wenn sie so richtig in diesen Gedanken vertieft ist, dass ihr die Tränen kommen. Das ist neu und irritiert sie sehr. Sie hat ein so schönes und erfüllendes Leben, und trotzdem gibt es Tränen. Ist das ein Widerspruch und unnötig?
„Man kann eben nur das sehen, was man kennt", denkt sie wieder einmal, „und muss auch dann noch genau hinschauen."
Sie kennt es jetzt, und fühlt, dass es ihr Leben und ihren Gefühlshaushalt trotz der vielen guten Teile „unnötig" belastet. Vermutlich ist es nicht die Sache selbst, die ihr Kopfzerbrechen bereitet, sondern die empfundene Hilflosigkeit. Wo ist ein möglicher Ausweg? Gibt es ihn oder müssen wir doch so leben wie die Haushühner oder Primaten? Sie will das nicht, das ist ihr völlig klar. Aber was soll sie ändern?
Ohne ein klares Ziel vor Augen verändert sie sich langsam. Sie wird vorsichtiger, abwartender, ist viel mehr bereit, auf die Gefühlslage anderer einzugehen und Rücksicht zu nehmen. Das bemerken auch andere. Sie ist jetzt weniger dominant und direktiv. Das Klima verbessert sich. Statt alles nun zu genießen, nutzen einige Mitarbeiterinnen die plötzlich vorhandene Gelegenheit und vermutete Lücke in der Führung. Anna bemerkt es nicht sofort und versteht es auch nicht. Sie rechnet eher mit Dankbarkeit. Vermutlich empfinden das auch einige so, aber die anderen machen den Vorteil zunichte. Einige Male setzen sie sich sogar in einer nicht gekannten Unverfrorenheit über sie hinweg und melden eigene Füh-

rungsansprüche an. Selbst Menschen, von denen sie das niemals gedacht hätte, verhalten sich so. Sie erkennt, dass selbst die als tief und tragfähig geglaubten Beziehungen davon nicht verschont bleiben. Auch diese Menschen nutzen die sich bietenden Lücken. Sie sind zwar sehr viel vorsichtiger und fairer, laufen aber in die gleiche Richtung.
Das alles trifft sie hart, viel mehr als sie zuvor gedacht hatte. Aber es überrascht sie nicht wirklich. Gehofft hatte sie etwas anderes. Ein Teil ihres bisherigen Weltbildes ist zerbrochen, ohne dass etwas Neues die Lücken geschlossen hat.
Erstaunlicherweise macht sie das mehr froh als ängstlich. Ihre Stimmung bessert sich, obwohl die Situation gleich bleibt. Ein Zurück gibt es deshalb nicht.
Ihr Vorgesetzter fragt zunächst, was los sei, macht ihr Vorwürfe und beklagt sich schließlich deutlich über die nachlassende Führungsqualität. Würde ihre Karriere stagnieren? Möglicherweise könnte das geschehen, aber das wäre auch nicht wirklich schlimm. Das Leben hatte ihr zudem schon die Lehre mit auf den Weg gegeben, dass in diesem Bereich so schnell nicht gehandelt und verändert wird. Es bleibt also noch genug Zeit für Suchen und Finden.
Und Anna sucht und findet. Viele kleine Hinweise in Büchern und Zeitungsartikeln bestätigen ihre Empfindungen. Doch so einen richtigen Durchbruch gibt es immer noch nicht. So vergehen die Tage und Wochen. Ihr Beruf macht ihr keine richtige Freude mehr. Ihre Arbeit bringt ihr persönlich nur noch kleine Erfolge, und die sind häufig nach kurzer Zeit wieder unbedeutend für sie. Ihre Abteilung produziert trotzdem außergewöhnlich gute Ergebnisse.
Der Alltag verwässert alles. Die Bedingungen sind für die „kleinen Pflanzen" vermutlich zu feindselig.

Hans warnt sie. Sie solle doch Zufriedenheit in der eigenen Arbeit suchen und endlich Ruhe geben. Das ist vermutlich richtig, aber für Anna nicht umsetzbar.
So bekommt ihre Karriere erfreulicherweise keinen Knick, wie einige glaubten. Im Gegenteil: Anna nimmt gegen den Rat von nahezu allen Freunden und Bekannten eine neue Stelle an.
Es wurde eine Leiterin für die Fortbildung gesucht. Bei dem anschließenden Bewerbungsgespräch beeindruckte sie die Kommission, wie sie später erfuhr, mit ihrer sehr besonnenen und tiefgründigen Argumentation. „Ernst, belesen und echt", war das allgemeine Urteil.
Sie ist also, wenn man so will, weitergekommen. Nach einigen Monaten ist ihr Ansehen in der neuen Stelle schon sehr gut und total gefestigt. Ihre Meinung, ihr Wissen, ihre unbestrittene Kompetenz und Erfahrung werden immer mehr geachtet und berücksichtigt. Manchmal geschieht es sogar bis in unsinnige Bereiche. Es kommt nämlich durchaus vor, dass sie etwas leicht dahin, ungeprüft und ungenau sagte. Die neuen Kollegen beziehen sich äußerst genau und oft auch wörtlich darauf, obwohl sie es noch nicht richtig durchdacht hatte. Sie sind überzeugt von der Tiefsinnigkeit des Gesagten. Das passiert selbst dann, wenn es offensichtlich fehlerhaft ist. Das ist ihr dann sehr unangenehm und setzt sie innerlich unter den Druck, ausschließlich Wohlüberlegtes zu sagen und nicht mit einiger Leichtigkeit auch Unüberlegtes zu äußern. Damit geht vieles von ihrer begehrten und für sie sehr wertvollen Leichtigkeit und Freiheit verloren, die sich in den Monaten schon eingestellt hatte. Immer kontrolliert zu sein, das schafft sie nicht. Vor allem will sie das auch nicht. Wenn sie es dann häufig doch schafft,

dann nur unter sehr großen Mühen. Das ein oder andere Mal fragt sie sich: „Warum können die anderen nicht in gleichem Maße mitdenken? Warum können wir nicht alle in eine Richtung an einem Seil ziehen?"

Da ist sie wieder, die Sehnsucht nach gleichwertiger Zusammenarbeit, nach gegenseitiger Achtung, Wertschätzung und einem Zusammenleben in Harmonie. Diese Sehnsucht ist natürlich schon weniger geworden, obwohl sie klarere Konturen bekommen hat. Es hat sich ja in dieser Richtung schon sehr viel Gutes entwickelt. Leider ist es nicht selbstverständlich, es geschieht nicht automatisch und systemisch und schon gar nicht leicht. Es bleibt andauernde Mühe, hohe Aufmerksamkeit und Arbeit. In belastenden Situationen kommen deshalb die alten Sehnsüchte nach Leichtigkeit, Harmonie und gleichwertigem Miteinander hoch. Hinzu gesellt sich aber eine Belastung, die ihr immer klarer wird und ihre Gedanken häufig blockiert. Sie spürt immer deutlicher ein Missverhältnis. Wenn sie etwas Freundliches sagt, kommt das natürlich gut an, aber die Wirkung hält nur einige Minuten. Ärgert sie sich dagegen einmal oder gerät gar in Wut, das kommt zwar nur selten vor, so hat die geringste Bemerkung erhebliche, völlig übertriebene Folgen. Und die spürt sie für Stunden oder Tage. Diese Reaktionen sind um ein Vielfaches folgenschwerer und störender als bei anderen unfreundlicheren und inkompetenteren Führungskräften. Es bedeutet für die Kollegen vermutlich viel mehr, wenn sie verärgert ist. Dann ist es jedes Mal nötig, mit vielen Einzelgesprächen zu reparieren, zu relativieren und auszugleichen. Einfach ohne Intervention nur weiterzuarbeiten, das hält eine solche Klimastörung oft für

mehrere Tage am Leben. Es ist eigentlich unglaublich und auch irgendwie ziemlich ungerecht.
Aus einer allgemeinen Sicht betrachtet, sind das keine großen Störungen. Andere Abteilungen würden herzhaft lachen, wenn bei ihnen solche Feinheiten bearbeitet würden. Aber so ist sie eben. Es soll alles sehr gut sein. Häufig denkt sie und hat es auch schon das eine und andere Mal gesagt: „Die sollten einmal für einige Zeit woanders arbeiten, dann würden sie sehen, wie gut es hier ist."

Aber daran denkt niemand. Alle wollen gerne bleiben und stellen extrem hohe Ansprüche an sie. Das engt sie ein und irgendwie erscheint ihr das sehr ungerecht und kräfteraubend. Den Mitarbeitern ist klar, dass sie in einer sehr guten Abteilung mit außergewöhnlich gutem Arbeitsklima arbeiten. Ihre Fortbildungsabteilung wird deshalb von allen anderen Bereichen heimlich bewundert und von den Menschen offensichtlich auch beneidet. Das Betriebsklima ist, durch mehrere Befragungen bestätigt, sehr gut. Der Krankenstand liegt seit Jahren unter einem Prozent. Sie weiß sehr wohl, dass einige auch dann zur Arbeit erscheinen, wenn sie eigentlich als krank gelten. Wenn andere die liegengebliebene Arbeit zusätzlich erledigen müssen, kommen selbst die, die ein Gipsbein haben. Es kommt häufiger vor, dass sie jemanden nach Hause schicken muss, damit er niemanden mit Krankheitserregern ansteckt. Andere Abteilungen bejammern häufiger das Krankfeiern und die anfallenden Fehlzeiten. All das ist bei ihr gut bis rekordverdächtig. Diese Probleme hat sie eben nicht. Trotzdem vermisst sie etwas. Sie wünscht sich immer noch eine andere Form der Harmonie, ein konkurrenzloses Miteinander, Blamagefreiheit, eine Arbeit ohne machtorientierte Führung durch eine Person, mit selbstverständlicher Eigenverantwortung und gegenseitiger Förderung und Achtung.

Sie selbst entwickelt sich sehr viel in dieser für sie wichtigen Richtung weiter, forscht, schließt Spezialausbildungen in Supervision und Mediation erfolgreich ab, ohne jedoch wirklich am gewünschten Ziel anzukommen. Sie hört nicht nur außergewöhnlich gut zu und begegnet anderen Menschen mit besonderem Einfühlungsvermögen, bewertet und verurteilt nur noch in geringem Maße, bringt nicht nur extrem viel Verständnis auf für andere, sondern ist auch bewundernswert geschickt bei Streitgesprächen und Friedensverhandlungen. Sie gehört zu den wenigen Menschen, die sofort Zusammenhänge erkennen und alles mit einer Leichtigkeit ganzheitlich betrachten können.

Sie ist trotzdem nur relativ zufrieden. Eigentlich hat sie ein schönes Leben, ist erfolgreich und gesund, lebt in einer guten Ehebeziehung. Dennoch gibt es da einen Rest an Unvollständigem und hartnäckig bohrender Unzufriedenheit, wenn sie darüber nachdenkt. Besonders fällt es ihr in ihrer Ehe auf. Hier wirkt das krasse Ungleichgewicht in den Reaktionen noch stärker. Wenn ihr Mann spätabends aus der Rechtsanwaltspraxis nach Hause kommt, ist er genau wie sie rechtschaffend erschöpft. Beide sehnen sich dann nach Erholung, nach Leichtigkeit und Entspannung, nach Ruhe und harmonischer Nähe. Doch schon die geringste genervte Reaktion verursacht einen gedämpften Streit, der sprachlos und vorsichtig macht, die nächsten Stunden vergiftet und meist lange nachwirkt. Natürlich schreien sie sich nicht an oder machen andere verletzende Dinge. So richtig Kraft, alles noch einmal anzupacken und zu

reparieren, hat aber keiner. Die Batterien sind dafür nicht voll genug. Traurigkeit tritt ein.
Sie denkt manchmal verbittert: „Das ist jetzt wie ein Essen bei Taubstummen." Beide sind dann enttäuscht und machen sich nicht selten gegenseitig Vorwürfe, häufig nur innerlich, ohne sie anzusprechen. „Unnütze und vergeudete Tage im Rest meines Lebens", denkt sie dann häufig. Sie merkt genau, dass das ihrer Beziehung überhaupt nicht gut tut. Sie ist sich sicher, dass ihr Mann das ähnlich sieht. Es bleibt leider immer für eine entsetzlich lange Zeit ein leichter Schatten, der alles verdunkelt.
Wenn sie mal in Ruhe darüber sprechen, sind beide sich zwar schnell einig und versprechen sich gegenseitig, keine Wut, keinen Ärger mehr zuzulassen und mehr Geduld zu üben. Es funktioniert aber nicht fehlerlos. Trotzdem wissen beide, dass sie eine vergleichsweise gute Ehe führen. In ihrem Bekanntenkreis sind sie so etwas wie ein Musterehepaar. Die meisten sind schon geschieden oder haben viel mehr Probleme.
Ähnlich ist es auch auf Annas Arbeitsstelle. Regelmäßig wird sie dort bewundert. Manchmal löst sie mit ihren Fähigkeiten sogar so etwas wie Fassungslosigkeit und leider auch Neid aus. „Wie macht sie das nur?" Sie wiederum versteht meist nicht, warum andere das nicht auch können. Wenn sie zum Beispiel Zusammenhänge und wechselseitige Abhängigkeiten genau und nachvollziehbar erklärt, aufzeichnet, was ihr sehr leicht fällt, sind die Anwesenden häufig erstaunt und begeistert. Das Wissen darüber oder ein Erkennen der Muster im nächsten Alltagsbeispiel ist erstaunlicherweise bei den anderen schon nach wenigen Tagen nicht mehr vorhanden. Das löst bei ihr nicht selten Hoffnungslosigkeit

und traurige Abwinkbewegungen aus. Die Kollegen werten das manchmal als Hochmut, Überheblichkeit oder Arroganz. Dabei ist es doch nur Kraft- und Hoffnungslosigkeit.
Je älter sie wird, desto häufiger kommt es vor, dass sie ungeduldig und ungehalten wird. Das löst aber, wie schon gesagt, die unverhältnismäßigen Langzeitfolgen aus. Manchmal hat sie das Gefühl, neben sich zu stehen und sich reden zu hören. Zum ungezählten Mal passiert wieder das Gleiche. Immer wieder sind da die alten Sätze und Begründungen, immer die alten Spielchen. Wie auswendig gelernt klingt alles. Hört das eigentlich niemals auf? Gibt es überhaupt kein persönliches Wachstum, keine individuelle Weiterentwicklung mehr? Ungerechterweise vermiesen diese Denk- und Verhaltensweisen ihre Laune dann manchmal so nachhaltig, dass sie auch in ihrem Verhalten unvorsichtiger wird und keine richtige Lust mehr hat, auf alles zu achten. Natürlich verschlimmert es das ein oder andere Mal die Situation und verstärkt ihre latente Unzufriedenheit.
Wenn es doch nur gelingen könnte, alle Mitmenschen empfindsamer zu machen für die Möglichkeiten eines besseren Zusammenlebens, wenn es gelingen könnte, sie unempfindlicher zu machen für vermutete Angriffe, die eigentlich gar keine sind, sondern nur ungeschickte Situationsbeschwerden oder wenigstens keine Wut, keinen Ärger mehr zu empfinden. Darüber hat sie schon so häufig nachgedacht, dass sie es nicht mehr zählen kann, ohne jedoch weiterzukommen: „Viel Geduld, weniger Ärger und Wut, so richtige Gelassenheit und trotzdem alles konstruktiv ansprechen können, das wäre es!"

Einen riesigen Schritt kommt sie erst weiter, als sie wegen ihrer Stimmungsschwankungen einen anderen Therapeuten aufsucht. Peter will sie nicht schon wieder ansprechen. Der neue Therapeut hat so eine Art, die Wirklichkeit bloßzustellen und sie in die Realität zurückzuholen, dass ihr der Atem manchmal wegbleibt. Sie schwankt dann immer zwischen Erschrecken, Empörung und Erkenntnis. Natürlich nutzt sie die vielen Gelegenheiten während der Sitzungen, auch ihr spezielles Problem zu bearbeiten. Sie will es schließlich genauer wissen und wird mit einem einfachen, aber für sie völlig genialen System vertraut gemacht: dem ABC-Modell der Rational Emotiven Therapie (RET).
Nachdem sie dieses System verinnerlicht hat, treten zu ihrer Verwunderung tatsächlich mehr als die Hälfte aller schädlichen Wutausbrüche und Ärger-Attacken nicht mehr auf, obwohl die sowieso schon sehr selten geworden sind. Das verbessert ihre Situation so erheblich, dass sie für einige Monate zutiefst glücklich und zufrieden ist. Stress, Aggression und Gewaltversuche sind nahezu ausgelöscht. Ihre eheliche Beziehung wird um viele Stufen harmonischer und erfüllender. Es ist wie ein Wunder. Erlebte Erinnerungen und ein Wiederaufleben so mancher schon beinahe vergessener Empfindungen des ersten Verliebtseins kommen zum Vorschein.
„Es geht also doch!", denkt sie voller Glück. Es ist geschafft. Das System hat sie als Zeichnung an die Wand ihres Büros geheftet, nicht nur zum eigenen Erinnern, sondern auch mit der Hoffnung verknüpft, dass andere ebenfalls einen Nutzen darin sehen. Außerdem findet sie in einer Fachzeitschrift einen anschaulichen Aufsatz über dieses Thema:

Normalerweise ist es so, dass beinahe alle Menschen zuerst bei Erlebnissen nur die Konsequenzen bemerken, sie ärgern sich oder fühlen eine andere Emotion. Die normale Reaktion ist die, die Ursache dafür zu suchen. Diese finden wir natürlich in der Person des Auslösers. Damit ist dann alles klar: Der oder die hat „schuld" und verursacht das alles. Natürlich ist es damit auch gerecht, alle Folgemaßnahmen auf ihn oder besser gegen ihn oder sie zu richten. Das ist alles völlig normal und alltäglich. Unrechtsbewusstsein, schlechtes Gewissen oder rationale Kontrolle wird zunächst nicht genutzt. Das heißt, die Konsequenz, die Folge, die Wirkung werden dem Auslöser zunächst 1:1 zugerechnet. Er wird für das Ergebnis verantwortlich gemacht.

A(Auslöser) ⇐===== C **(Konsequenz)** = weil A

Damit wird gesichert, dass kein Schaden für die eigene Person eintritt. Es ist leichter, sich mit dem Fehlverhalten der anderen zu beschäftigen als die eigenen Reaktionen kritisch zu betrachten. Die anderen haben Schuld, ich habe damit nichts zu tun. Diese Strategie ist psychisch gesunderhaltend und deshalb auch ungemein erfolgreich.

Anna kann nach dieser Erkenntnis täglich viele Beispiele dafür finden. Es scheint sogar Personen zu geben, die es in diesem Bereich zu unwahrscheinlicher Meisterschaft gebracht hatten. Sie hatten nie mit irgendetwas zu tun. Es waren immer die anderen. Plötzlich sieht sie das Verhalten einiger Mitmenschen mit anderen Augen und in einem anderen Licht. Gerechterweise muss eingeschränkt werden, das weiß sie auch, dass Personen mit einem sehr schwachen Selbstwertsystem häufig keine andere Möglichkeit haben, als von sich abzulenken und das Elend und die Schuld bei anderen zu suchen. Das ist zunächst sehr gesund und normal. Langfristig gesehen aber natürlich eine ziemliche Sackgasse. Entwicklungen werden abgebrochen, Beziehungen nachhaltig gestört und die gesündesten Keimlinge eines neuen Wunschgartens plattgetrampelt. Das erklärt ihr auch das Verhalten mancher Menschen, die trotz erheblichen Fehlverhaltens kein schlechtes Gewissen haben. Sie verwenden ihr Gewissen nicht. Viele Menschen haben nur deshalb ein gutes Gewissen, weil sie eine Kunst entwickelt haben, es nicht zu benutzen[24]. Das alles hatte Anna verinnerlicht und an unzähligen Beispielen überprüft und auch bei sich selbst wiedergefunden. In der Fachliteratur fand sie noch genauere Hintergründe.

Schließt man nämlich Versuchspersonen an Messgeräte an, die gute Auskunft über Erregung, Aggression, Ärger und so weiter geben, so stellt sich allerdings etwas Erstaunliches heraus. Das Auge meldet an das Gehirn: „Hier geschieht gerade dieses und jenes." Das Gehirn sagt zunächst im übertragenen Sinn: „Okay!" Es schaut dann nach, ob es so etwas kennt. Bis zu diesem Zeitpunkt ist keine über den Verarbeitungsprozess hinausgehende Erhöhung von Aktivität oder Erregung festzustellen. Ärger oder Aggressionen sind in weiter Ferne. Erst in dem Moment, in dem eine Wiedererkennung stattfindet – zum Beispiel: »Achtung ge-

---

[24] Das wird natürlich durch viele andere Vorgänge, zum Beispiel der Rationalisierung, Projektion und so weiter noch wesentlich begünstigt und ergänzt.

fährlich!« oder »Nett!« – tritt eine emotionale Einfärbung und Erregung ein oder zusätzlich Irritation bei Unbekanntem. Erst dann treten Gefühle auf. Die Messinstrumente haben bis zu diesem Zeitpunkt Mühe, etwas Relevantes festzustellen. Es passiert erst etwas, wenn der Wahrnehmer anfängt zu bewerten: *„Das ist gefährlich!", „Das ist doch wohl eine Unverschämtheit!", „Du willst mir was!", „Du hast es gerade nötig!"* Diese oder ähnliche Sätze kennt jeder. Dann erst wird so richtig aufgerüstet. Die Blutgefäße verkrampfen, der Blutdruck steigt blitzschnell, die Herz- und Atemfrequenz werden erhöht, die Muskeln, der Blutzucker gelöst, alles aktiviert. Wofür geschieht das? Im günstigsten Fall tun wir das, um uns zu ärgern oder Angst zu haben, zu flüchten oder anzugreifen. Können wir aber nicht aktiv werden, dafür bietet unser modernes Leben vielfältigste Schranken, so wird nur weiter bewertet, verurteilt oder innerlich geschimpft, und die Erregung steigt. Es ist also nicht der Auslöser, der auslöst, sondern biologisch gesehen die Bewertung und Verarbeitung. Sie führt zu den Tiefen oder Höhen der Wut, der schwer zu kontrollierenden Aggression oder seltener auch zu Angst. Wir fühlen, was wir denken. Alle stark emotionserhöhenden Dosen schränken leider auch die Fähigkeit des Gehirns ein. Zum Teil ist es sogar so, dass nur die einfachsten Reaktionen wie Flucht oder Angriff übrigbleiben[25]. Alles andere funktioniert nicht mehr. Kennen Sie nicht die folgende Situation? Sie werden früh morgens schon auf der Treppe von einem Vorgesetzten angegriffen: „Was

---

[25] David Servan-Schreiber: Die Neue Medizin der Emotionen, München 2006

ist da wieder passiert?" Sie sind völlig überrascht und versuchen ziemlich hilflos, einiges zu entgegnen. Nur wenige Minuten später ärgern sie sich über sich selbst und denken: „Warum hast du das und das nicht gesagt? Warum ist dir das nicht eingefallen? Das wäre doch genau das Richtige gewesen." Erregung behindert das Gehirn, manchmal sogar sehr stark. Da sie sich selbst erregen, verursachen sie auch selbst die Behinderung. Der Volksmund hat häufig eine tiefgreifende Weisheit in der Alltagssprache. Wir sagen nämlich:

»<u>Ich</u> rege mich auf.«
»<u>Ich</u> ärgere mich.«
»<u>Ich</u> werde jetzt sauer.«

Das ist genau richtig. **Du** ärgerst dich, und Du regst dich selbst auf. Das tut nicht der andere. Du wirst auch tatsächlich sauer. (Das kann man sogar messen). Und viele erstaunliche andere Dinge passieren, die man erst bei intensivem Nachdenken glauben kann[26]. Das bedeutet in Annas kleinem Schaubild:

A = Auslöser ⇨ B = Bewertung ⇨ C = **weil B**

Jetzt weiß Anna, dass die meiste Energie für Ärger, Wut und Hass selbst hergestellt wird. Logischerweise kann sie damit auch verhindern werden[27]. *Das ist*

---

[26] Nachlesen in Quellen der Stressbewältigung (Vester, Grewe, Brengelmann u. a.)
[27] Grundstrukturen aus Albert Ellis: Die rational-emotive Therapie, 1982, Grundgedanken werden auch in GFK, der Gewaltfreien Kommunikation (Marshall Rosenberg) und im Buddhismus genutzt.

wieder einmal einfacher gesagt als getan. Nach einigem disziplinierten Üben wird es schon gehen. So ist es dann auch. Sich bloß die Abläufe klarzumachen, bringt nicht viel. Man muss sie üben, sie verinnerlichen. Mit den ersten positiven Erfahrungen tritt eine nachhaltige Veränderung ein. Jedes Mal, wenn Anna sich bei »Bewertungen« ertappt, beendet sie den inneren Vorgang mit dem Satz:
„Stopp, du bewertest!"

Das reicht erstaunlicherweise völlig aus, um die aufkommenden negativen Gefühle zu stoppen, Stress abzublocken und einer relativierenden und der Sache angepassten Verarbeitung Platz zu machen. Gewaltattacken kommen dabei nicht mehr vor. Sie schätzt, dass ca. 70-80% der Energien ausbleiben. Ihr Therapeut begleitet sie bei den verschiedenen Schritten zu einem schönen erlebbaren Erfolg. Und was ist das für ein Schritt! Ihre Beziehungen werden noch ruhiger, harmonischer und viel intensiver, weil viel weniger Störungen und Verletzungen auftreten. Der Therapeut ist sehr zufrieden, weil er sich vermutlich einen Teil des Erfolgs zuschreibt. Völlig Unbekannte wollen plötzlich auch Kontakt zu ihr. Auch auf der Arbeitsstelle nehmen erstaunlicherweise die Konkurrenz und die unsinnigen Kämpfe stark ab. Das Modell wirkt in gewissenhafter Anwendung offensichtlich sehr stark auf andere. Es lohnt sich durchaus, weniger zu kämpfen und weniger Gewalt als Mittel zu benutzen. Es ist ansteckend.

Diese Erlebnisse genießt Anna in vollen Zügen. Das ist es endlich, was sie sich gewünscht hat. Mit großer Sorgfalt und Disziplin versucht sie, alles genau einzuhalten und besser zu werden. Das gelingt ihr auch. Stress, Belastung, Ärger, Frust und Aggressionen nehmen nochmal deutlich ab. Ein unvorstellbarer Gewinn für sie.

Auf der Arbeitsstelle wurde sie ja schon immer geachtet und wertgeschätzt, jetzt treten auch wirkliche Sympathie und Bewunderung auf, selbst bei den Kritischeren. Bei einigen entwickelt sich tatsächlich so etwas wie Liebe und wirkliche Zuneigung.
Anna ist überglücklich. Die freiwerdenden Energien nutzt sie für Mitarbeiterpflege und für ihre eheliche Beziehung, was zu noch mehr Nähe, besseren, tiefen Beziehungen und zu einem Klima, das seinesgleichen sucht, führt. Endlich ruhen Spielchen und Kämpfe in ihrem Wirkungsbereich. Die Kolleginnen, die früher noch Gelegenheiten nutzten, um zu dominieren, hören erstaunlicherweise damit auf. Es ist wie damals in diesem entscheidenden Seminar. Konkurrenz gibt es nur noch zwischen verschiedenen Lösungswegen, nicht mehr unter den Personen in ihrer Abteilung. Sicherheit und gegenseitige Achtung sind zu spüren. Es macht allen offensichtlich Spaß. Die Arbeit wird wieder leicht, obwohl Außergewöhnliches geschaffen wird. Ohne Eifersucht und Missgunst nutzt jeder die speziellen Fähigkeiten der anderen und versucht, sie mit seinen und den anderen zu verknüpfen. Die bisher

schon guten Arbeitsergebnisse werden auch in den Augen der Außenstehenden noch besser.
Anna freut sich, denkt aber immer häufiger mit einiger Angst, dass es nicht lange anhalten kann, dass es nur eine kurze Episode sei. So war es ja bisher immer in ihrem Leben gewesen. Kommt nach Glück und Erfüllung die Ernüchterung? Es fühlt sich noch immer ein wenig an wie ein Traum. Den will sie erst einmal genießen.
Manchmal kommt es jetzt vor, dass sie in Krisensituationen beinahe ohne große Emotionen agiert. Ihre wohlwollende und gutmütige Grundhaltung steckt an, macht friedfertig, Aggressionen nehmen ab oder sind wirklich für alle Anwesenden völlig unpassend. Das irritiert einige, vor allem ältere Kunden und viele Außenstehende. Manche erzählen, dass sie vermutlich etwas gefühlskalt sei, obwohl das zu ihrem sehr freundlichen Wesen eigentlich gar nicht passe. Diese Personen handeln sich sofort energischen Widerspruch der ganzen Abteilung ein.
Für diejenigen, die immer noch etwas gegen sie einzuwenden haben, es sind nur noch zwei Personen, ist das trotzdem willkommene Nahrung. Sie stimmen bei der unpassenden Kritik mit ein und unterstützen ein Bild, das ungerecht und falsch ist. Es gibt in weitem Umkreis keinen mitfühlenderen und empfindsameren Menschen als Anna. Eigentlich wissen das auch alle. Trotzdem kommt es zu solchen seltenen, merkwürdigen, gelogenen Reaktionen.

Selbst wenn sie davon hört, versucht Anna nicht zu bewerten. Sie weiß von früher, dass das nur geschieht, um das eigenen Selbstwertsystem zu verbessern, dass es mit ihr nicht viel zu tun hat. Dennoch ist es enttäuschend und unangenehm. Es gar nicht zu bewerten, ist schwierig, aber auch das gelingt ihr meistens.
Doch auch für ihre Vorgesetzten ist sie mittlerweile ein Problem. Ihre Qualität und Kompetenz sind so offensichtlich, dass sie selbst dabei in vielen Situationen schlechter wegkommen. Versuche, sie zu befördern oder zu versetzen, sind nicht von Erfolg gekrönt.
Anna will es um alles in der Welt so lassen, wie es momentan ist. Ihr sehnlichster Wunsch ist jetzt, zu stabilisieren und dass auch andere das so sehen. Der Betriebsrat ist auf ihrer Seite. Das ist offensichtlich. Bei jeder Gelegenheit wird vorgetragen, dass auch andere Vorgesetzte sich bitte so verhalten und so sein sollen wie sie. Natürlich machen solche Aussagen keine Freunde. Im Gegenteil: Es nervt einige Vorgesetzte ganz gewaltig. Zumindest die über ihr angesiedelten Führungskräfte sind betroffen oder getroffen. Nach »unten« ist alles super. Gespräche mit dem Betriebsrat, dies doch bitte zu unterlassen, sind nicht nur erfolglos, es verstärkt alles bloß noch. Jetzt ist sie auch noch bescheiden! Das steuert auf kein gutes Ende hin. Das hat sie mit der Erfahrung schon begriffen. Noch einige solcher Erlebnisse und sie würde Folgen zu spüren bekommen. Eine Kündigung ist nicht mehr unwahrscheinlich, das weiß sie. Gründe dafür würden sich

schon finden, das war in der Vergangenheit immer möglich gewesen. Sie wird vorsichtiger, ihre Anstrengungen, keine Fehler zu machen, kosten überdurchschnittliche Energien, ohne jedoch wirklich etwas auszurichten oder zu verbessern. Für sie ist das unnötige Vergeudung von Lebensenergie. Sie hat zuvor schon sehr wenig wirklich falsch gemacht. Sonst ist sie eine der Ersten, die Vorschläge einbringen, Neuerungen anregen und Verbesserungen fordern. Das lässt sie nun unter großen persönlichen Schmerzen immer mehr sein. Nur kleine Stoßseufzer kann sie bei bestem Willen und auch ohne jede Bewertung nicht unterdrücken, und in ihrem Gesicht kann man manchmal die Qualen ablesen. Ihr Lebensglück schmilzt wieder einmal, aber erfreulicherweise nur zu einem kleinen Teil. Sie empfindet das trotzdem als totalen Unsinn und völlig überflüssig. Das verstand keiner mehr. Sind denn alle verrückt? Missstände, die gibt es nach wie vor, dürfen sie jetzt nicht mehr so genannt werden? So kann es langfristig nicht weitergehen.
Ihr Mann hat ein funktionsfähiges Lösungskonzept. Sie solle sich nicht so aufregen und sich mehr zurückhalten, sich mehr um ihn kümmern, obwohl er sich absolut nicht beklagen kann. So fair ist er schon. Er weiß, welch gute Beziehung und außergewöhnliche Zuwendung ihm zuteilwurde. Verstanden fühlt Anna sich natürlich nicht. Sie weiß sehr wohl, dass sie sich selbst mit ihren Gedanken unglücklich macht. Dämpfen, relativieren geht, aber ganz ausschalten nicht.

Eigentlich weiß keiner, was sie wirklich will. Selbst ihre Freundin Nadine, die sie jetzt wieder regelmäßig sieht und mit der sie sich wirklich gut versteht, hat allergrößte Mühe zu folgen. „Ist das alles nicht übertrieben? Das Leben besteht doch nicht nur aus Glück, sonst würden doch alle nur lachen, und die Unterschiede könnte auch keiner mehr wahrnehmen. Außerdem hast du totalen Erfolg und das beste Leben. Andere haben ganz andere Probleme."

Das stimmt absolut. Anna ist auf Rosen gebettet. Sie selbst merkt trotzdem zu ihrem großen Entsetzen, dass sie auch nicht mehr so gut zuhören kann. Sie will auch nicht mehr so richtig. Zu sehr ist sie gefangen in diesem schönen Gefängnis. Es gibt auch schon einige, die das natürlich bemerken und als Veränderung übertrieben negativ bewerten. Mit ein wenig Abstand muss sie sich eingestehen, dass ihr Glück und die gefundene Leichtigkeit sich teilweise auflösen, dass alle Bemühungen und Anstrengungen letztlich nicht verhindert hatten, dass es zu einem kleinen Teil ein Ende nimmt. Zum ersten Mal merkt sie, dass es bei all den Sorgen doch einen verlässlichen Hafen gibt. Zum einen ist da ihr Mann, der zwar viele eigene Probleme hat, aber absolut verlässlich ist und ohne Abstriche zu ihr steht. Mittlerweile ist er offensichtlich unerschütterlich von ihrer Beziehungsqualität überzeugt und begeistert. Bei all den kleinen Problemen, die sie beide haben, ist die Bilanz absolut positiv, das Beziehungskonto sehr gut gefüllt.

Jetzt merkt Anna mit allen Zellen ihrer Existenz, dass auch ihre engsten Freundinnen und Freunde in einer sonderbar intensiven Weise da sind, obwohl sie selbst genug Müll zu entsorgen haben. Keiner aus diesem Kreis bewertet sie, genau wie sie selbst es sich schon längst abgewöhnt hatte. Es gibt keine Konkurrenz oder Eifersucht untereinander. Jeder lässt den anderen so, wie er ist. Das genügt offensichtlich vollständig. Schauspielern oder Rollen einzunehmen ist nicht notwendig. Sie bemerkt deutliche Parallelen zu den erinnerten Seminarerlebnissen von damals, nur dass es hier das wirkliche Leben ist und keine abgeschottete Seminarkultur. Sie sind einfach da und das genügt. Diese kleine Gruppe von Menschen ist eine feste Bank. Das erkennt und genießt sie, so gut es ihr möglich ist. Sie muss nicht überlegen, was sie anziehen, wie sie sich benehmen soll. Es genügt, wenn sie da ist, und ihr genügt die Anwesenheit der jeweils anderen. Das ist rundherum völlig ausreichend und erfüllend. Die Gefühle diesen Personen gegenüber sind und werden immer tiefer, warmherziger, teilweise auch überwältigend. Tränen stehen ihr in den Augen, wenn sie an das eine oder andere besonders intensive Erleben denkt. Es ist schön und erfüllend. Ihre gesamte Lebenssituation hat sich verbessert. Aber was könnte das alles bedeuten für die allgemeine Gesellschaft? Soll sie nur noch mit ihren Freunden leben? Oder gibt es auch Erkenntnis für Allgemeinheit, für Firmen? Sie denkt viel darüber nach. Bis zu ihrer Pensionierung sind es ja noch

viele Jahre. Zeit ist noch genug vorhanden, um bessere Lösungen und Erkenntnisse zu finden.
Wie es häufig im Leben ist, dauern Lösungen und Entschlüsse für solche Probleme lange. Manchmal werden sie auch gar nicht gefunden, nur ausgesessen, vergessen oder so lange verändert, bis sie keine aktuelle Bedeutung mehr haben. Das alles soll für Anna nicht gelten. So ist sie nicht, und so würde sie auch in der Zukunft nicht sein.
Die nächste Veränderung entsteht dennoch bloß durch einen Zufall. So ganz stimmt das natürlich nicht. Anna ist ja immer noch eine Suchende, offen für Neues, für andere Wege und Gedanken. Zufällig sieht sie gemeinsam mit einigen aus der Gruppe eine Fernsehsendung über Buddhismus. Einige ihrer Freunde sind von den Lehren der Buddhisten und vom Dalai Lama fasziniert und wollen die Sendung im Fernsehen gemeinsam ansehen. Sie hatten zuvor schon viele Male darüber diskutiert. Anna ist selbst atheistisch eingestellt. Fundamentalismus, Alleinvertretungsansprüche, kirchliche Macht und gelebte Gewalt oder Ungerechtigkeiten sind ihr zutiefst zuwider.
Es reichen schon Gedanken und Erinnerungen an die unzähligen Verbrechen aus der Vergangenheit, die im Namen der großen Religionen verübt worden sind, um in solide Wut oder Trauer zu geraten. Sie muss sich dann zusammennehmen und aufkommende Bewertungen und Verurteilungen sofort abbrechen. Gerade deshalb imponiert ihr bei den Buddhisten die gewaltlose Grundhaltung, die totale Toleranz anderen Religionen gegenüber und die

wut-, hass- und aggressionslose Geduld und Gelassenheit, die angestrebt wird. Das Gesehene und Gesagte finden alle toll. Alle sind mehr oder weniger positiv gestimmt und von einer wohlwollenden und zustimmenden Grundhaltung. Anna macht da keine Ausnahme, hört aber noch etwas anderes.
Ab einer bestimmten Stelle der Sendung ist sie völlig gefesselt. Sie reagiert nicht mehr auf ihre Freundinnen und starrt wie gebannt auf den Dalai Lama, der über Geduld, Gewaltfreiheit und Glück spricht und sagt:

„Warum über etwas bekümmert sein, dem man abhelfen kann?
Und gibt es keine Abhilfe, was nutzt es da, sich zu bekümmern?[28]**"**

Es dauert ungewöhnlich lange, bis sie diese Sätze wirklich verstanden hat. Sie saugt die weiteren Beiträge förmlich auf wie eine Verdurstende. Diese Themen sprechen sie direkt an: Wut und Hass überwinden, Wege zur Geduld, Gelassenheit und Güte. Mehrmals hat sie den Eindruck, die Sätze seien eigens für sie formuliert. Sie ist so beeindruckt, dass sie große Schwierigkeiten hat, den anderen im Raum Einzelheiten und Gedanken mitzuteilen. Und es gelingt ihr schon gar nicht, die in ihr ausgelösten Ge-

---

[28] Sàntideva: Eintritt in den Weg zum Erwachen, VI, 10, deutsche Übersetzung von Ernst Steinkellner: Eintritt in das Leben zur Erleuchtung, München 1997

fühle zu beschreiben. Sie versteht sie ja größtenteils selbst noch gar nicht!

Sie ist durcheinander und verwirrt, spürt aber deutlich, da ist etwas, was für sie eine lang ersehnte Ergänzung sein könnte, etwas Wertvolles. Es bedeutet für die kommenden Tage, Wochen und vielleicht auch Monate, das steht jetzt schon fest, dass sie genauere Hintergründe einsehen, Informationen einholen, studieren muss. Halbe Sachen gibt es nicht für Anna, gab es noch nie – und jetzt schon gar nicht. Sie liest eine Reihe von Büchern und spricht mit Informierten. Ihr wird auf einmal klar, dass nicht nur die Regel: „Bewerte möglichst nicht" (A-B-C-Modell) für sich allein steht, sondern zu anderen Empfehlungen passt, quasi eine harmonische Einheit mit vielen anderen Schulen und Regeln bildet. Wenn sie zum Beispiel darauf achtet, dass sie Erlebnisse, die sie normalerweise belasten würden, durch Nichtbewerten nüchtern handhabt und gleichzeitig mit ähnlicher Sorgfalt die Dinge sucht und fördert, die ihr guttun, sie glücklich machen, so verbessert sich die Wirkung erheblich. Ihr wird klar, dass Glück nicht geschenkt und Leid nicht ausschließlich aufgezwungen wird. Ihr wird klar, dass sie an einem Scheideweg steht, an einer Weggabelung. Sie muss sich entschließen, welche Richtung sie einschlagen will.

Man ist so gesehen wirklich seines Glückes Schmied.

Gleichzeitig kann sie den größten Teil der alltäglichen Probleme, auch von Alltagsgewalt und Aggres-

sion, vergessen. Er hat keine praktische Bedeutung mehr, muss es auch nicht, weil alles wohlgeordnet ist und gut funktioniert. Mit Erstaunen registriert sie, wie unglaublich viele Menschen von der Suche, von der Jagd nach Glück ergriffen sind. Das alte Thema der Gewaltlosigkeit interessiert wohl sehr viel weniger. Viele Gedanken, häufige Gespräche und Handlungen betreffen das Thema Glück. Die Vokabeln sind manchmal unterschiedlich, aber es dreht sich immer um das Gleiche.
Sie denkt an die Vergangenheit mit den vielen frustrierenden Versuchen, über Gewaltlosigkeit zu reden, anderen etwas näher zu bringen, zu begeistern. So kann es vielleicht doch noch gelingen, etwas für eine menschengerechtere Zukunft zu tun! Sie erkennt aber auch, dass die meisten Menschen eine besondere Begabung haben, dem Leid in die Arme zu laufen[29], bei Entscheidungen die für sie leidvollere Richtung einzuschlagen. Warum ist das so? Damit hat sie in der alltäglichen Praxis in dem Ausmaß nicht gerechnet. Sie denkt viel darüber nach, inwieweit es nicht nur für andere, sondern auch für sie zutrifft und findet durchaus Situationen, in denen sie sich an einer »Weggabelung« völlig unnötig für den Weg des Leidens entschieden hat. Sie sieht auch die Themen und Gebiete, bei denen sie es vermutlich weiterhin tun würde. Sie will sich ändern!

Wie in einem Mosaik fügt sich dieses nächste Steinchen in ihr Lebensbild ein. Ihr wird klar, dass sich

---

[29] Ebenda, S. 53

ihre Entwicklung nur mit einer entsprechenden Einstellung zu sich selbst und zu anderen Menschen weiterentwickeln kann, dass eine Haltung erforderlich sein wird, die einen passenden Zustand verursachen kann, der dann nicht nur mehr Glück verspricht, sondern auch den Weg ebnet für wirkliche Zuwendung zu anderen Menschen. Das ahnte sie auch schon zuvor, aber nicht in dieser Deutlichkeit. Jetzt weiß sie es. Sie erkennt, und das ist neu, dass nur in Einbeziehung aller ihr bekannten Erkenntnisse, Faktoren und Dinge (Haltung, Kommunikation, Einstellung und so weiter), einer ganzheitlichen Betrachtung der unterschiedlichsten Systeme und eingebundenen Verhaltensweisen für sie ein weiterer Fortschritt liegen wird. Und da liegt er tatsächlich. Sie lernt, in welch hohem Maße Geschehnisse und Handlungen in einem Geflecht zahlloser Bedingungen und Einwirkungen zustande kommen. Buddhistische Lehren und Übungsmethoden erlauben ihr in weniger als sechs Monaten wieder einmal eine für alle deutlich spürbare Veränderung herbeizuführen. Das Eintreten eines Geschehnisses ist von vielen bisher missachteten Bedingungen abhängig. Mit dieser Erkenntnis wächst auch die Fähigkeit, auf Geschehnisse in einer anderen Ruhe und veränderten Einsicht zu reagieren[30]*. Das gelingt ihr von Tag zu Tag besser. Sie macht auch wieder mit viel Lust Veränderungsvorschläge. Alles ist wieder ruhiger und gelassener, obwohl die Intensität des Erlebens deutlich zunimmt.*

---

[30] Sinngemäß aus: Was ist Glück? Fragen an den Dalai Lama, Frankfurt a. Main 2003, S. 21

Sie hält es zu dieser Zeit nicht für möglich, dass sich noch weitere große Verbesserungen einstellen könnten. Umso überraschter ist sie, als sie eine Veränderung in ihr, in ihrem Fühlen und Denken feststellt. Zuerst nimmt sie es nicht richtig ernst. Sie vermutet, dass es kleine Varianten des bisher Erreichten sind. Mit der Zeit wird aber immer deutlicher, dass es sich um eine neue Stufe, einen neuen Zustand handelt. Was ist da los, was ist geschehen? Ganz deutlich wird es, als sie alte Unterlagen sichtet, in denen sie Gegensätze, Konflikte und unlösbar erscheinende Probleme analysierte. Sie kann sich genau erinnern, wie stark sie die Gegensätze und Unterschiede damals wahrgenommen und erlitten hatte. Jetzt plötzlich fallen die Gegensätze quasi auseinander, lösen sich auf in verschiedene Sichtweisen der gleichen Sache, in relative Ansichten und unterschiedliche Bedürfnisse. Jedes Ding hat offensichtlich mehrt als zwei Seiten.
Sie denkt daran, dass sie damals auch richtige Feinde ausgemacht hatte. Unmögliche Personen, mit denen sie nichts zu tun haben wollte, die man möglichst meiden oder bekämpfen musste. Jetzt aber spricht ihr Herz warme und liebevolle Sätze. Die damaligen unangenehmen Gefühle sind nun nicht mehr vorhanden, sie spürt Verständnis, erkennt die Nöte, die individuellen Bedürfnisse, denkt an Hilfe und ein Entgegengehen und ist schließlich völlig erfüllt von der innewohnenden Harmonie. Ist so etwas tatsächlich möglich? Meinen die Buddhisten diesen Zustand? Feindbilder gibt es so nicht mehr. Es bleiben nur individuelle Unterschiede, verschie-

dene Motive und Empfindungen. Das kann man so gut ertragen. Wären mit dieser Haltung, wenn alle Menschen sie teilten, vielleicht auch Krieg und Kampf von der Erde getilgt? Sie ist sich sicher, das könnte ein möglicher Weg sein. Aber wie bekommen die Menschen eine solche Haltung?

Anna kann mittlerweile noch ruhiger und vor allem gutmütiger und gelassener agieren, in einer Qualität, die immer wieder einige fassungslos macht. Plötzlich geht alles in Ruhe und Harmonie.
Darauf reagieren zuerst ihre Vorgesetzten. Nicht plötzlich (ruckweise, offiziell oder exemplarisch) tritt der Unterschied ein, sondern unauffällig und unbemerkt kommt insgesamt eine höhere Friedfertigkeit auf. In Besprechungen, Sitzungen und bei Gesprächen finden sich immer weniger Situationen, in denen man sich mit ihr streiten, in denen man sich mit ihr messen kann. Sie ist auf einmal nicht mehr gefährlich. Gut, möglicherweise besser ist sie immer noch, aber ohne die alten Gefahren. Wirklich gut erträglich ist sie jetzt.
Annas spür- und sichtbare Zufriedenheit führt in den nächsten Monaten zu einer deutlichen Verbesserung der Gefühle der Vorgesetzten ihr gegenüber. Lediglich ihre Haltung, ihre eigenen Gedanken verursachen schon bei den anderen Menschen Friedfertigkeit.

Einige Kollegen zeigen sogar das ein oder andere Mal echte und tief empfundene Dankbarkeit. Das trifft sie bis tief in ihr Innerstes. Es erschreckt sie, tut

*ihr aber auch unvorstellbar gut. Doch Dankbarkeit für was? Erst durch genaues Beobachten und Nachdenken wird es ihr langsam klar: Dankbarkeit für die Art des Umganges, für Frieden und Geborgenheit, für eine emotionale Heimat. Das ist es! Hilfe und Fachkenntnis gab es schon vorher in reichlichem Maße. Die Kollegen und Mitarbeiterinnen bemerken die Unterschiede nicht so sehr, für sie ist alles wie immer sehr zufriedenstellend. Sie fühlen sich wohl, sehr wohl. Die Beziehungen bleiben gut und vorbildlich, werden als sicherer und erfüllender empfunden.
Ihrem Mann bleibt die Entwicklung natürlich auch nicht ganz verborgen, allein schon deshalb, weil er für einige Übungsmethoden und Diskussionen als Partner herhalten muss. „Benutzt du mich gerade als Übungsobjekt?" „Was machst du da gerade?" Diese Fragen tauchen häufig auf. Meistens merkt er aber gar nicht, dass Anna sich weiterentwickeln will. Unzählige Stunden war er in den letzten Monaten eingebunden, manchmal beunruhigt, aber zu späterer Zeit zeigt er sich durchaus beeindruckt und begeistert von den Fortschritten. Er nimmt sich vor, in den nächsten Jahren einen ähnlichen Weg zu gehen, sagt das auch immer wieder, plant die ersten Schritte und liest die ersten Bücher zu diesen Themen. Bei Bekannten schwärmt er manchmal von seiner tollen Beziehung zu Anna.*

Für Anna steht alles zum Besten. Trotzdem gibt es noch einen entscheidenden Fortschritt. Die Arbeitsergebnisse ihrer Abteilungen haben mittlerweile einen so guten Ruf erlangt, dass sie auch für Schwes-

terfirmen und fremde Abteilungen arbeiten müssen. Fortbildungskonzepte und Beratungsleistungen werden sogar an fremde Unternehmen »verkauft«. Die in der Vergangenheit aufgetretenen Schwierigkeiten und Probleme innerhalb der eigenen Organisationsführung waren höheren Vorgesetzten natürlich nicht verborgen geblieben. Sie lösten damals verschiedenste Unstimmigkeit und Ärger aus. Wie häufig hatte Anna das früher vergeblich angesprochen und um Veränderung und Hilfe gebeten. Jetzt geht eine Verbesserung plötzlich von ganz allein, ohne einen Antrag, eine wirklich verrückte Welt. Unstimmigkeiten und Ärger mit der Gesamtorganisation gibt es mit der Änderung nicht mehr.

Ihre ganze Abteilung wird aus der alten Organisation herausgelöst und zu einer Stabsdienststelle umfunktioniert, die nur noch der Geschäftsführung gegenüber verantwortlich ist. Sie hat eigenes Budget, eine Fach- und Personalaufsicht, bekommt ein Sonderberichtsrecht für den Vorstand und den Aufsichtsrat eingeräumt. Nach anfänglichem Schrecken und etwas Angst vor der unbekannten Struktur stellt Anna in kurzer Zeit wieder ein Klima her, wie sie es ähnlich aus dem Seminar und aus einigen vergangenen Zeitepochen kennt. Nur dieses Mal ist und bleibt alles stabil, wird nicht mehr von außen gestört und behindert. Abhängigkeiten sind weitgehend aufgehoben, Eifersucht, Missgunst und Kämpfe gibt es nicht mehr, der Nährboden ist diesen Emotionen und Verhaltensweisen entzogen. Es macht keinen Sinn mehr, sich kämpferisch zu verhalten. Wettbewerb,

Unstimmigkeiten und Aufregung gibt es nur, wenn für die Arbeitsinhalte der beste Weg gesucht wird. Der dabei herrschende Ton ist so außergewöhnlich konstruktiv und annehmend, dass es Besuchern jedes Mal auffällt und Gesprächsstoff liefert. Einige glauben an Unechtheit, Schauspiel und Fake. Aber innerhalb des Unternehmens ist man mittlerweile stolz auf diese „Firma in der Firma" und versucht, diese Besonderheit auch außerhalb als außergewöhnliche Leistung und Zukunftsmodell zu verkaufen. Die Sache hatte, wie es häufig mit guten Dingen ist, über die Jahre gesehen viele Väter bekommen, die voller Inbrunst behaupten, das alles sei ihre Idee gewesen. Darunter waren sogar einige Leute, die Anna zuvor bekämpft hatten. Anna stört das nicht, sie wundert sich, ist aber sehr zufrieden. „Es ist schon erstaunlich, wie flexibel das Gedächtnis und Gewissen bei einigen Menschen ist. Man muss nur lange genug etwas Anderes sagen oder wünschen und schon gibt das Gedächtnis nach." Sehr deutlich ist Anna geworden, dass einige der jetzt eingetretenen Verbesserungen nur in einer entsprechenden Organisationsstruktur entstehen können. Soziale Strukturen können fördern oder behindern. In den meisten Organisationen stören sie. Sie nimmt sich vor, sich bei der nächsten Gelegenheit darüber näher zu informieren.

Erfreulicherweise ist die Beziehung zu Hans immer noch schön und erfüllend. Auch hier gibt es positive Reaktionen. Ihre Bekannten können immer weniger mit ihren Beobachtungen umgehen: „Machen die uns was vor? So viel Harmonie gibt es doch gar nicht."

Nun dauert diese erfüllende Beziehung schon viele Jahre an. Das macht ihr das gelegentliche Grübeln und häufige Nachdenken erträglicher. Eingebettet in die harmonischen Bedingungen ist es leicht geworden. Sie fühlt sich rundherum gut und sicher mit Hans. Streit gibt es mittlerweile bei ihnen sehr selten und wenn, dann nur als ritualisierten Anfang. Sofort wird verletzendes Verhalten gestoppt, dann alles geklärt. Immer häufiger hat Anna aber das Gefühl, dass alles ohne Höhen und Tiefen abläuft, immer gleichförmig und vorhersehbar. Ihr Liebesleben ist gut aufeinander abgestimmt, aber ebenfalls ohne Höhen und Tiefen, alles läuft sehr angenehm, aber ähnlich ab. Ist das die Erfüllung, die sie sich gewünscht hatte? Ist sie nicht vielleicht bloß maßlos? Andere Paare beneiden sie, aber bei ihr bleiben doch einige kleine Zweifel.

Wenn sie sich eine Zeit lang nicht sehen, vermisst sie Hans sehr, natürlich brauchen sie sich. Wenn sie sich jedoch häufig sehen, ist alles schön, aber auch sehr gleichmäßig, eben auch wie immer. Sie sprechen noch immer wie vereinbart wöchentlich über alles und geben sich die Dinge und Zuwendungen, die sie brauchen. Doch wenn sie genau darauf achtet, was in ihr vorgeht und was um sie herum geschieht, dann wird es schnell unbedeutender, blasser und weniger aufregend. Als würde jemand ihren Stecker herausziehen und die Energiequelle abschneiden. Sie schafft es nicht, mit dem Erreichten zufrieden zu sein. Vielleicht ist alles nur gut und hat

deshalb keine Aufmerksamkeit verdient? Dankbar ist sie schon. Manchmal hat sie ein schlechtes Gewissen deswegen. Tut sie Hans unrecht oder trägt sie selbst die Schuld daran?
Langsam, aber unaufhaltsam wird es für sie immer ein wenig unangenehmer, weil es schon so lange andauert. Sie weiß: „Ich fühl das, was ich denke. Aber im Moment denke ich eben so." Hans hingegen bekommt das nicht mit. Ihm geht es sehr gut, und er ist offensichtlich sehr zufrieden mit der Partnerschaft. Anna weiß genau, wenn sie ihre Bedrückung zum Ausdruck bringt, würde Hans das nicht verstehen, ihre Äußerung vielleicht als Vorwurf empfinden und nicht wissen, was er tun soll. Sie weiß es ja auch nicht. Er wäre bestimmt sauer, dass sie alles gefährdet. Das will sie natürlich nicht. Sie erinnert sich an die fruchtbringenden Gespräche mit Peter und ruft ihn nach langem Zögern an. Der ist nicht erstaunt, sagt, er habe inständig gehofft, dass alles sehr lange gut laufen werde, aber er habe schon geahnt, dass das Anna auf Dauer nicht genügt. Sie verabreden ein Gespräch. Hans sagt sie nichts davon.

Peter freut sich sehr, Anna zu sehen und etwas für sie tun zu können. Lange hört er sich die bisherigen Geschehnisse an, fragt an einigen Stellen nach und sagt dann: „Anna, ihr habt einen Abhängigkeitsvertrag geschlossen. Jeder versucht dem anderen das zu geben, was dieser braucht. Ihr braucht euch gegenseitig. Das ist schön und auch wertvoll. Und es ist auch eine Zeitlang sehr befriedigend, aber es wächst nichts mehr. Es stagniert. Ich glaube, das merkst du, du willst wachsen, dich entwickeln. Was dir fehlt, bekommst du von Hans. Warum solltest du wachsen? Du hast doch Hans, der die Lücke schließt."

Anna ist geschockt. Sie ist eigentlich sehr stolz auf das bisher Erreichte. Das soll jetzt nicht genügen?

Peter beschwichtigt: „Natürlich ist das von euch Geschaffene eine tolle Sache. Mit Recht könnt ihr darauf stolz sein. Wenn du dich aber entwickeln und wachsen willst, dann muss mehr geschehen."

„Und was soll ich jetzt wieder alles machen?" Ihr Ton klingt schärfer als beabsichtigt. Die ganzen letzten Wochen und Monate voller Arbeit an sich selbst, soll das alles vergebens gewesen und nicht genug sein?

Peter lacht. „Ich erkläre dir einige Zusammenhänge. Danach kannst du in Ruhe selbst überlegen, ob und was du machen möchtest. Es ist völlig in Ordnung, wenn du alles so belässt. Es ist im Moment gut, wir reden nur darüber, wie es besser werden kann, wir reden über Wachstum. Das Problem ist nämlich, dass du abhängig bist. Abhängig davon, dass du das bekommst, was du brauchst und was du dir wünschst. Ihr habt das damals gründlich bearbeitet und gegenseitig so organisiert. Wenn du dir z.B. wünschst, dass Hans dich mal in den Arm nimmt und er macht das, ist es bestimmt schön, aber es wächst nichts mehr, weil nichts mehr fehlt. Um weiter zu kommen, musst du nicht nur wissen, was dir fehlt, sondern auch, warum du es benötigst und weshalb du es dir nicht selbst geben kannst. Anna ver-

steht nicht ganz. Peter erklärt es genauer und gibt ihr einige Seiten aus einem Fachbuch mit.

Wünsche beruhen auf empfundenen Mängeln. Es fehlt etwas. Solche Mängel entstehen sehr häufig in der Kindheit. Geliebt werden, so wie man ist, ohne etwas dafür leisten zu müssen, das ist nötig, aber es fehlt sehr häufig. Es ist eine sehr knappe Ware. Wir suchen danach, weil wir es benötigen wie die Luft zum Atmen. Diese Suche nach Liebe ist in uns als Mangel vorhanden. Wir müssen schnell lernen, damit umzugehen. Wir verhalten uns ab diesem Zeitpunkt so, dass wir die Zuwendung bekommen, die wir so ersehnen. Wir passen uns dem bestehenden System an. Wir sind so vernünftig, wie die Eltern es wollen, wir sind das liebe Kind, der Große, die aufmerksame Schwester oder der Streitschlichter, der Junge, der aufräumt, das Mädchen, das alles mitmacht.
So lernen wir, dass wir Aufmerksamkeit und Liebe bekommen, wenn wir so sind, wie andere uns haben wollen. Je besser uns das gelingt, desto mehr Zuwendung und Achtung erhalten wir. Das wir aber zerbrechlich, bedürftig und sensibel sind, dass wir wachsen wollen und müssen, dass wir eigene Erfahrungen benötigen, um zu wachsen, dass wir andere Bedürfnisse haben als aufzuräumen, uns die Hände zu waschen, vernünftig und groß zu sein. Das wird nicht gesehen und kommt selten oder gar nicht vor. Da ist wenig Platz für eigene Wünsche. Wir wollen fühlen, dass wir geliebt werden, auch ohne so zu sein, wie andere uns haben wollen. Das ist aber sehr selten und schwierig zu bekommen. Wer hat das schon gefühlt? Wir waren zu dick, zu schmutzig, zu laut, zu

dumm, zu unruhig oder böse, aber immer nicht ganz richtig. Diejenigen, die so etwas erleben, ziehen sich zurück, verstecken ihr wahres Ich, spielen Rollen. Sie zeigen nicht mehr, wie sie sind. Wie hinter einer Sichtwand warten sie, wie ihre gespielten Rollen ankommen, welche Streicheleinheiten sie auslösen, ob es genügt oder ob es etwas nachzubessern gibt. Wenn sie das jahrelang machen, und solche Störungen halten häufig ein Leben lang an, so sind sie eingesperrt und haben eine immer größere Angst, aus diesem Gefängnis auszubrechen, weil sie spüren, sie werden dann nicht mehr genug geliebt.

Das ist nicht unbedingt die Schuld der Eltern oder Erzieher. Diese haben vermutlich ähnliche Erfahrungen gemacht. Es ist etwas, was wahrscheinlich auch ihnen schon fehlte. Sie wissen häufig nicht, wie es geht und kennen die Möglichkeiten nicht.

Erwachsene haben deshalb so etwas wie ein „inneres Kind". Das ist eine Konditionierung, eine Abspeicherung im Gehirn, die wir bis ins hohe Alter ziemlich unverändert beibehalten. Immer wenn wir betroffen sind, betrifft es uns im Innersten. Verletzungen sind fast immer Wiederholungen der Verletzungen aus der Kindheit. Sonst würde es uns nicht so treffen, wäre uns gleichgültig. Und welche Überlebensstrategie gibt es dafür, wie komme ich trotzdem noch an Liebe und Aufmerksamkeit? Wir schlüpfen in Rollen, die wir das ganze Leben lang nicht loswerden.

Anna weiß, dass Rollen früh eingeübt werden und dadurch der Schauspieler nicht mehr echt und au-

thentisch sein kann. Neu ist für sie die Seite, dass es sich bei aktuellen Schmerzen um alte Verletzungen handeln kann. Schön findet sie die Vorstellung, dass sie ein inneres Kind in sich habe. Die kleine Anna klagt über ähnliche Verletzungen und ist verletzlich wie sie selbst, empfindet Schmerzen an den gleichen Stellen, ist also ihrem wahren Selbst sehr nah. Damit will sie sich nun liebevoll beschäftigen. Schon jetzt ist klar, sie ist nicht vollständig ausgereift. Sie benötigt immer noch etwas, was sie sich selbst nicht geben kann. Besonders gut gefällt ihr das Beispiel, das Peter als Begründung anbringt: Sie sei wie eine große farbige Knospe, die darauf warte, vollständig zu erblühen und dann der Umgebung etwas zu geben, nämlich Duft und Freude: „So lange sie aber selbst noch etwas braucht, kann sie nicht wirklich geben." Sie erinnert sich an die Worte von Erich Fromm, deren Bedeutung sie jetzt anders begreift: „Manche sterben, bevor sie geboren werden."

Es gibt offensichtlich Seiten an ihr, die seit der Kindheit stagnieren und in den ganzen Jahren nicht mehr gewachsen waren, die sie aber zu schmerzhaften und überdeutlichen Reaktionen veranlassen. Doch welche?
Sie vereinbart mit Peter, der ihr dazu einige Arbeitsvorschläge vorstellt, dass sie das alles durchdenken und auch aufschreiben soll. Danach will sie sich mit ihren schriftlichen Unterlagen wieder melden.

Am Abend spricht sie mit ihrem Mann darüber. Hans hört sich die neuen Erkenntnisse an, schüttelt den Kopf und sagt: „Findest du es nicht übertrieben? Es muss doch mal gut sein. Es läuft doch alles gut mit uns. In deiner Arbeit bist du eine der Besten. Was soll denn der neue Stress bringen?"

Anna müht sich ab, spricht von Wachstum, Entwicklung, von wahrer Geburt, von dem Wunsch, vollständig zu sein. Hans schaut immer ungläubiger, wird dann traurig und schweigsam. Offensichtlich hat er Angst, dass alles wieder anstrengend und stressig wird. Anna will von den Bedenken jedoch nichts wissen. Sie verspricht aber, langsam, vorsichtig und schonend zu sein, zu ihm und zu sich selbst, Rücksicht zu nehmen und vor allem, die Beziehung nicht zu gefährden oder zu belasten. Sie liest weiter in den Unterlagen, die ihr Peter gegeben hat. Er hat eine Idee, die ihr weiterhelfen kann.

Peters Idee, sich selbst zu erkennen!
„Wenn wir Emotionen bemerken, sobald sie entstehen, sind sie zuerst durch Vergleiche, Gedanken und Gedächtnis noch nicht (wesentlich) verzerrt. Genau in diesem Moment können Gefühle als Signale für Vorlieben und Abneigungen dienen, so, wie unsere Natur sie eingerichtet hat."[31] Ein kleiner Augenblick genügt, um sich die Emotionen bewusst zu machen. Diese Momente müssen gesammelt werden, es genügen kleine Notizen, beispielsweise in einem Tagebuch. Über die Zeit bekommen wir recht gute Kenntnisse über unsere Reaktionsweisen. Damit ist es leicht und ziemlich präzise, zu erkennen: *So reagiere ich, das tut mit gut und das nicht, so bin ich anscheinend.* Wer das fehlerlos und genau machen möchte, sollte ein Tagebuch führen oder für eine bestimmte Zeit ähnliche Aufzeichnungen machen. Wie schon oft angesprochen, funktioniert auch das nur mit eini-

---

[31] Stefan Klein: Die Glücksformel oder wie die guten Gefühle entstehen, Reinbek bei Hamburg 2002, S. 236, Klammervermerk hinzugefügt

ger Disziplin. Mit solchen Daten können wir dann recht verlässlich feststellen, auf welche Dinge und Verhaltensweisen wir in welcher Art und Stärke reagieren, was wir brauchen, was fehlt und auf was wir gut und gerne verzichten können. Obwohl es sehr persönlich ist, sollte es unbedingt schriftlich bearbeitet werden. Erst wenn der zu Grunde liegende Datensatz relativ groß und sicher ist, kann es sinnvoll sein, nach dem Warum zu fragen, nicht früher: *Warum kann ich das nicht gut haben, und warum tut mir das andere gut?* Wenn sich dafür die ersten Ideen einstellen, dann kommt der nächste Schritt: *Was kann ich unternehmen, damit es mir besser geht, mehr gute Situationen entstehen, und was kann ich machen, um die negativen in ihrer Wirkung zu handhaben oder sie gar zu vermeiden?* Nebenbei reduziert das Stress in großem Maße und ermöglicht abgestimmte Reaktionen, die zuvor so nicht möglich gewesen sind. Die Mitmenschen werden staunen, und wir bekommen nebenbei auch eine Vorstellung von den alten Verletzungen des inneren Kindes.

Schon am nächsten Tag beginnt Anna, sich Notizen zu machen. Am Anfang sind die Vorfälle erstaunlicherweise sehr selten, sie wird schon ungeduldig und etwas lustlos. Sie ist ja auch sehr friedfertig und freundlich, aber schon nach einigen Tagen wundert sie sich, wie häufig sie doch innerlich reagiert und es vermutlich früher nicht zur Kenntnis genommen hat. Sie behält das jedoch zunächst für sich und ist dann unauffällig traurig. Ihr Lächeln ist manchmal unterwandert und zeigt eine heimliche Verwandtschaft zur Trauer, eine seltsame Mischung aus Freude und Melancholie. Nur sehr aufmerksame

Zeitgenossen oder Menschen, die sie sehr gut kennen, bemerken das.
Sie selbst rechnet fest damit, dass alte Wunden sich abbilden. Das geschieht jedoch zunächst nicht. Es fällt ihr sehr schwer, alte Gemeinsamkeiten zu finden. Erst als sie dreißig Einzelfälle gesammelt hat, geht ihr plötzlich ein Licht auf. Wenn andere sie unter Druck setzen, ihr vorschreiben, was sie zu tun hat oder sie mitten in einer wichtigen Arbeit unterbrechen, um etwas Anderes von ihr zu verlangen, dann reagiert sie emotional und impulsiv. Jetzt ist es plötzlich offensichtlich, fremde Verhaltensvorschriften und Bevormundung sind das Problem. Das kann sie nicht haben. Darauf reagiert sie sehr stark abwehrend. Auf der anderen Seite merkt sie, dass sie genau deshalb alles besonders gut machen muss, um Vorschläge und Anforderungen nicht hören zu müssen. Das ist es, was sie zu ständiger Optimierung treibt und ihr keine Ruhe lässt. Daher kommen die andauernde Unruhe und die ständige Besorgnis. Erfreut ruft sie Peter an und berichtet von den neuen Erkenntnissen und von der schönen Erfahrung, dass alles doch vermutlich logisch und einfach war.

Peter vertieft den Erfolg im nächsten Gespräch. Nach einigem Hin– und Her bemerken beide fast gleichzeitig, dass Anna ihren Eltern bei allem Verständnis für früher doch einen Vorwurf macht.
„Wenn das so ist, dann mach das!", meint Peter, freut sich aber, als er merkt, Anna will das ja gar nicht. Sie will bloß irgendwie aufräumen, loslassen, vergessen und löschen. Das ist aber nicht möglich.
Peter versucht, einen anderen Rahmen zu zeichnen. „Stell dir vor, deine Eltern wären fehlerlos gewesen. Du wärest herangewachsen, wie es dir zu der Zeit möglich gewesen wäre. Was würde das heute bedeu-

ten für diese kleine Anna? Wäre sie glücklich, für die neuen Herausforderungen ausreichend vorbereitet, auf einem erfüllenden Weg? Würdest du dann noch wachsen können?" Anna kommen Zweifel. *„Vielleicht ist es ja ein Geschenk, was deine Eltern dir mitgegeben haben. Möglicherweise ein schwieriges und anstrengendes Erbe, aber vielleicht auch die einzig wichtige Voraussetzung zu deiner Erfüllung und vollen Entfaltung."* Anfänglich ist sie skeptisch, doch nach und nach freundet Anna sich mit diesen Gedanken immer mehr an.

Peter zeigt ihr nochmal, dass alles eine Brücke von früher zu heute darstellt. *„Heutige Verletzungen als Erwachsener sind meist eine Wiederholung der Verletzungen, die du als Kind erlebt hast. Immer wenn dich etwas trifft, dann betrifft es dich auch. Sonst würdest du gar nicht reagieren, sondern total gelassen bleiben."*
Sie sprechen lange darüber, was jetzt getan werden kann. Klar ist, dass die alte Verletzung ausheilen und sie den Wachstumsschritt nachholen muss, der damals aus gutem Grund ausblieb. Sie muss und will sich vervollständigen. Das Gute ist, dass sie kein Kind mehr ist. Die große Anna ist nun dafür zuständig. Peter erinnert sie daran, sie müsse ihre Besonderheiten, ihre guten und schlechten Seiten liebevoll betrachten und nicht abwehren. Wenn sie sich akzeptiere so wie sie ist, würde nahezu automatisch Wachstum einsetzen.

Anna nimmt ein großes Blatt, klebt es an eine Wand in ihrem Arbeitszimmer und beantwortet darauf die *folgenden acht Fragen, die sie einmal als Arbeitsvorschlag gelesen hat.*[32]

1. Was sind meine wichtigen Beziehungen?
2. Welche wichtigen Erfahrungen habe ich gemacht?
3. Welche Träume, Lebensziele habe ich?
4. Welche Werte sind für mich wichtig?
5. Welche Gewohnheiten möchte ich pflegen?
6. Welche Ängste habe ich?
7. Gibt es Verletzungen, Traumata?
8. Was ist das Schöne in meinem Leben?

Es entsteht dadurch schon am Abend, aus einiger Entfernung betrachtet, ein achteckiger Stern. Auch die kleine Anna kommt vor. Die innere Fläche wird von den vielen Antworten besetzt. Es kommt genau, wie Peter es vorausgesagt hat. Zunächst ergänzt sie es noch einige Tage mit neuen Ideen, einmal streicht sie etwas durch, dann folgen einige Tage, an denen das Betrachten ein angenehmes Gefühl von Stolz und Akzeptanz auslöst. „Das ist es, so bin ich."
Als das Blatt schon anfängt, an Attraktivität zu verlieren, geschieht etwas Merkwürdiges. Anna glaubt mehrmals zu sehen, dass die Fragen mit der Schrift zu einer grauen achteckigen Fläche, zu einer Ganzheit verschmolzen sind, die manchmal für Sekunden sogar einen räumlichen Eindruck verursacht. Das da ist sie.

---

[32] Grundgedanke von W. Schmid: „Selbstformung"
Selbstkenntnis ist eine Voraussetzung für
Veränderungen

Erst wenn sie näher kommt und zu lesen beginnt, zeigt sich wieder normale Schrift. Nicht selten ergänzt sie dann etwas oder streicht etwas aus. Es entwickelt sich, langsam, aber stetig. Ohne unangenehme Gefühle begreift sie, dass sie sich bisher nicht vollständig entfaltet hat, dass ihre Entwicklung an einigen Stellen unverständlicherweise stehengeblieben ist, dass sie darauf wartet, dass andere die Lücken füllen, ihr etwas geben, was sie selbst sich noch nicht geben kann. In diesem Sinne ist sie bedürftig. Sie spürt aber genau so deutlich und unendlich stark Schwingungen und Wachstumsimpulse. Sie will wachsen, ihre Seele drängt danach, sie ist in diesem Sinne eins mit der Natur und den natürlichen Wachstumsrichtungen: Freiheit, Autarkie, Optimierung.

Ihr wird auch bewusst, dass Hans ihr genau das seit Jahren liefert, was ihr fehlt: Selbstständigkeit, viel Freiheit und die Möglichkeit autark zu werden. Er lässt sie machen, macht keine Vorschriften, beobachtet sie mit viel Wohlwollen, bewundert sie. Wenn es nötig ist, unterstützt er sie auch. Nur manchmal, wenn es ihm zu viel wird, versucht er abzuschwächen, ohne jedoch die Grundhaltung aufzugeben. Jetzt ist sie darüber noch dankbarer als früher und behandelt Hans in den nächsten Tagen überschwänglich und mit besonderer Fürsorge. Hans wundert sich ein wenig, lässt sich die Behandlung aber gerne gefallen.
Sie denkt zwischendurch: „Deshalb habe ich bisher nicht daran gearbeitet, habe mich nicht vervollständigt, ich musste es ja nicht. Hans hat die Lücke ziemlich gut gefüllt, es mir ermöglicht, keinen Mangel zu empfinden. Warum soll ich mich auch von den

alten kindlichen Fesseln befreien, ich habe doch Hans."
Das hat aber jetzt ein Ende! Man kann eben nur das sehen, was man kennt. Jetzt kennt sie das Problem, und hinsehen will sie auch. Einige Tage überlegt sie sich die nächsten Schritte und freut sich auf die Zukunft. Endlich geht es weiter!
Ob Hans auch so eine „Baustelle" aus der Kindheit hat? Er ist außergewöhnlich vorsichtig, wenn er ihr etwas sagen will, nimmt überdurchschnittlich Rücksicht, nicht nur auf sie, reagiert aber sauer, wenn sich andere rücksichtslos verhalten. Vermutlich ist Rücksichtslosigkeit ein wichtiges Stichwort für ihn. Ein solches Verhalten kann er nicht gut ertragen. Wichtig ist für ihn, dass sie selbst und die Menschen um ihn herum fürsorglich und rücksichtsvoll sind. Ob er in der Kindheit genau damit schlechte Erfahrungen gemacht hat?
Ihr wird schlagartig klar, dass sie sich beide genau das geben, was jeweils wichtig für sie ist, was ihnen fehlt und was in der Entwicklung noch nicht voll entfaltet ist. Eine solche Beziehung hat eine Art Vertrag als Grundlage, eine Absprache über Geben und Nehmen. Das ist kein schöner Gedanke, aber entspricht der Realität. Wenn einmal der eine Partner seine Vertragspflichten nicht einhält, nicht liefert, dann gibt es auch bei ihnen jedes Mal massive Reaktionen, die negative Emotionen verursachen. Verzweiflung und Vorwürfe wechseln sich dann ab. Wenn der Partner die Lücke gerade nicht mehr füllt, weil er sich möglicherweise weiterentwickeln will, dann spüren wir den alten Schmerz aus der Kindheit, und das geht aktuell ja gar nicht.
Sie erinnert sich an die danach folgenden Reaktionen, die sie insbesondere bei anderen Paaren beobachtet hatte: „Dann gebe ich auch nichts mehr!"

Das halten Beziehungen nicht aus, das ist klar. Gott sei Dank kommt das bei ihnen extrem selten vor, aber wenn, dann genau so, bis auf den letzten Teil, die Verweigerung. Das fühlt sich alles nicht gut an.
Dieser „Vertrag" beschäftigt sie in den nächsten Tagen. „Passt so ein Vertrag zu dem, was ich oder wir unter Liebe verstehen?"
Schließlich ruft sie Peter an, berichtet von ihrer momentanen Ratlosigkeit und vereinbart ein Gespräch. Peter mag sie gut leiden und freut sich offensichtlich, sie zu sehen. Beim Gespräch hört er sich alles in Ruhe und Geduld an. Erwartungsvoll sieht sie ihn an.
Er antwortet: „Ja, das habe ich befürchtet, dass du genau das entdeckst. Viele Menschen kommen gar nicht auf die Idee, sich mit solchen Tiefen zu beschäftigen. Du hast schon immer alles bis auf den Grund durchforscht. Das spricht absolut für dich, bringt aber eben auch Probleme mit sich. Du bist intelligent, sorgfältig, einfühlsam und sehr aufmerksam. Das ist alles toll, aber es macht nicht gerade glücklich, es sät Zweifel. Du kannst jetzt, selbst wenn du willst, nicht mehr zurück, der Weg ist versperrt. Du kannst dich nicht entschließen, nicht mehr zu wachsen. Das wird nicht mehr funktionieren, du musst nach vorn, da musst du durch. Kein Mensch kann sich entscheiden, nicht mehr zu wachsen."
Anna nickt, sie will ja auch wachsen. Nur wohin soll es gehen?
Peter schlägt vor, erst mit Hans zusammen eine gemeinsame Basis einzunehmen. Er erinnert sie daran, dass sie in der Vergangenheit schon tolle Sachen vereinbart hatten: „Ihr müsst diesen Vertrag formulieren und dann akzeptieren."

Anna verfasst zur Probe mit Peters Hilfe einen möglichen Dialog. Ähnlich verläuft das tatsächliche Gespräch mit Hans am nächsten Tag.

Sie sagt:„Ich habe ein tiefes Bedürfnis nach mehr Freiheit und Selbstständigkeit. Ich hoffe, Unterstützung zu bekommen. Das kann ich mir selbst zurzeit noch nicht allein geben, ich benötige dabei noch deine Hilfe."
Hans antwortet: „Mir geht es ähnlich. Ich habe tiefstes Verlangen nach Fürsorge, Harmonie und Anerkennung. Ich bin zurzeit noch nicht unabhängig und brauche dabei deine Hilfe."
Sie nehmen sich beide vor: „Lass uns diesen Deal noch eine Zeit so einhalten, bis wir ihn nicht mehr benötigen."
Anna nickt, sie ist vollständig einverstanden. Danach, das ist beiden klar, kann alles wachsen, die Beziehung, jeder Einzelne und vermutlich auch andere Verbindungen zur Arbeit oder Verwandtschaft. Hans ist nach anfänglicher Skepsis angenehm bewegt. Zwischendurch hat er sogar Tränen in den Augen. Anna hatte alles vorsichtig, Schritt für Schritt vorgetragen, abgewartet und dann die Reaktionen annehmend und sehr kompetent aufgegriffen. Soviel Sorgfalt wäre gar nicht nötig gewesen, aber Hans tut das sehr gut und er strahlt. „Was für eine tolle Beziehung", denkt er. Beide fühlen, dass es nicht nur erfüllender werden würde, sondern auch, dass ab jetzt vieles Neue möglich werden würde.
In den nächsten Wochen sprechen sie häufig darüber, überlegen, welche Richtung sie einschlagen möchten und haben viel Verständnis füreinander. Besonders schön ist für beide die Vorstellung von einer Vervollständigung ihrer Persönlichkeit. Wenn sie das schaffen, dann begegnen sie sich nicht mehr

als zwei Bedürftige, die selbst nicht viel haben, was sie geben können, sondern als zwei unabhängige, zu voller Größe herangewachsene Menschen, die weitgehend autark sind, selbst alles haben und unendlich viel geben können.
Die folgenden Monate sind für beide außergewöhnlich erfüllend. Anna bearbeitet mit Begeisterung jedes kleine Detail, durchleuchtet es und verändert es zum Guten. Mit für ihre Verhältnisse ungewöhnlich viel Gelassenheit geht sie jetzt mit Menschen um, ohne alles zu bewerten. Die Menschen sind alle verschieden, bearbeiten alle ihre Probleme, suchen nach Liebe, Hilfe und Bestätigung. Sie bemerken aber sofort die offene Art, reagieren erfreut und konstruktiv. Sie treffen jetzt auf eine Anna, die selbst nur wenig benötigte, aber viel geben kann. Die Menschen fühlen sich zu ihr hingezogen, ohne genau sagen zu können, was eigentlich mit ihnen passiert. Die Nachbarn verändern ihr Verhalten, werden selbst aufmerksamer und versuchen, mehr für die Gemeinschaft zu tun.
Anna ist häufig tief bewegt, insgesamt sehr zufrieden und denkt so manches Mal: „So macht alles einen Sinn – alle haben Vorteile und das Zusammenleben verbessert sich, auch bei den Bekannten und Nachbarn."
Das ist auch auf ihrer Arbeitsstelle der Fall. Die Menschen, die mit ihr zu tun haben, werden aufmerksamer, fürsorglicher und viel angenehmer im Umgang. Das Betriebsklima ist außergewöhnlich gut. Aggressionen kommen nur noch extrem selten vor. Außenstehende, so wird berichtet, sind jedoch verunsichert und glauben an Heuchelei, Betrug oder Zauberei. Das wird zwar so nicht kommuniziert, die Kommentare lassen jedoch keinen anderen Schluss zu.

Dann wird Anna schwanger. Damit hat niemand gerechnet, auch Anna und Hans nicht. Sie hatten nichts geplant und alles der Natur überlassen. Viele Jahre war nichts passiert. Sie hatten sich schon damit abgefunden, dass sie vermutlich kein Kind bekommen würden. Hans freut sich, Anna ist merkwürdig bewegt und erlebt zu der schon bestehenden Zufriedenheit eine neue Art von Glück. Es ist eine andere, eine neue Freude, unter die sich auch so etwas wie Achtung, Tiefe, Verwunderung und ein wenig Angst mischen. Sie wird noch vorsichtiger, macht weniger Sport und denkt jeden Tag mit den tollsten Gefühlen viele Male an das kleine Wesen. Sie wartet ungeduldig auf die ersten Bewegungen oder etwas, das sie merken kann, aber das lässt auf sich warten. Trotzdem hat sie das Gefühl, dass eine Verbindung besteht. Sie ist sich sicher, das Baby bekommt alles mit, ihre Freude, ihre Trauer, Wut und auch Musik. Sie glaubt, das deutlich spüren zu können.
Anna wäre nicht Anna, wenn sie das nicht nachlesen würde. Sie sieht sich Vorträge bei YouTube über neue Gehirnforschung an und findet ihre Gefühle bestätigt. Da denkt sie noch liebevoller an ihr Kind, spricht mit ihm und versucht, mit ihm zu kommunizieren. Besonders intensiv speichert sie die Erkenntnis ab, dass zwischen der Mutter und dem Kind eine besondere Bindung entsteht. Als sie das näher betrachtet, wird ihr bewusst, und sie findet das auch in Büchern bestätigt, dass ihr Kind ein umfassendes Sicherheitsgefühl abspeichern wird, ein starkes Grundgefühl von Wärme, Versorgung, Sorglosigkeit und Geborgenheit. Es ist angereichert mit dem Miterleben der alltäglichen Gefühle der Mutter, die bezogen auf das Kind in der Regel sehr positiv sind.

Dieses Grundgefühl wächst neun Monate lang und verfestigt sich immer mehr. Es spricht viel dafür, dass die Menschen dieses ursprüngliche Gefühl ihr ganzes Leben anstreben und suchen, wenn es zu gering ist.

Eine befreundete Therapeutin bekräftigt das mit den Worten: „Die meisten Menschen wollen eigentlich zurück in den Mutterleib. Das ist ihnen aber nicht bewusst. Sie sehnen sich nach den alten Gefühlen und suchen alle Beziehungen und Möglichkeiten danach ab und bleiben bei dieser erfolglosen Suche immer mehr oder weniger unzufrieden."

Ihr Kind sollte in den ersten Jahren möglichst ähnlich schöne Gefühle haben können und die Bedingungen dafür in der kleinen Familie vorfinden. Vor allem sollte es möglichst niemals hören: „Du bist nicht ok, so wie du bist."

Je mehr Anna sich in dieses schöne Sicherheitsgefühl vertieft und sich darüber häufig und inständig freut, desto häufiger bekommt sie, wenn sie an die Zukunft denkt, einen kleinen Schrecken, dann auch etwas wie Angst und Sorge. Was würde ihr Kind erleben, wenn es geboren wurde? Die Wärme, die Geborgenheit und Versorgung würde mit einem Schlag, noch dazu unter Schmerzen, ein Ende finden. Kälte und Bedürftigkeit würde an Stelle der alten, schönen Empfindungen treten. Das beunruhigt sie sehr. Natürlich muss das Kind auch lernen, Bedürfnisse anzumelden und Verbindung zur Außenwelt herzustellen. Sie nimmt sich ganz fest vor, alles, was sie weiß und verstanden hat, zu beachten und ihr Kind besonders fürsorglich zu betreuen.

So vergehen die ersten Monate und irgendwann erhalten sie die Nachricht, dass sie ein Mädchen bekommen werden. Rosa soll es heißen.

Anna macht Pläne, wie sie sich verhalten will, wenn Rosa größer wird. Gewalt soll sie auf keinen Fall erfahren, auch keine noch so kleine Ablehnung, nur Achtung, Wertschätzung und Annahme. Sie spricht des Öfteren mit ihren Freundinnen und anderen Frauen, die Kinder haben. Diese Frauen nicken zunächst beinahe immer zustimmend. Wenn es aber konkret wird, wenn die Kleinen Dinge tun, die nicht gut sind, und das ist ständig so, dann verlaufen die vorgeschlagenen Rezepte immer wieder in Richtung Erklärung, Zurechtweisung, Ermahnung, Drohung, Strafe und letztlich auch in Gewalt, weil jeder Versuch, Verhalten mit Macht zu verändern, schließlich Gewalt darstellt. Alle Mütter bevorzugen Appellieren und Erklären, aber alle sagen auch, dass es häufig nicht funktioniert, dass gesagt werden muss, wie es gehen soll. Grenzen müssen halt aufgezeigt werden.

Anna weiß auch nicht genau, was sie anders machen kann. Es beeindruckt sie sehr, welche Erfahrungen die Mütter gemacht hatten. Es macht ihr Herz schwer und verunsichert sie.

Hans ist da anders. Er ist sich sicher, dass Anna das mit Leichtigkeit und hoher Kompetenz meistern wird, sagt das regelmäßig und versucht, sie zu beruhigen. Sie erinnert sich an die Zeit, in der sie sich ausführlich mit Gewalt beschäftigt, was sie als Sozialarbeiterin ausprobiert und wie sie für sich einen guten Weg gefunden hatte. Aber so einfach, wie Hans ihr das einreden will, ist es sicherlich nicht. Die Gesellschaft um sie herum ist völlig anders, und die Kontakte der Kinder untereinander sind ebenfalls von anderer Qualität. Und so folgt Anna ihren alten Erfolgsrezepten. Sie sucht und lernt. Den Schwerpunkt legt sie auf die Kommunikation mit Kindern. Sie findet darüber Abhandlungen über

"Giraffensprache statt Wolfssprache". *Schnell ist ihr klar, dass das die alten Rezepte von C. Rogers und M. Rosenberg sind, die sie von der Grundlage her schon kannte. Aber die Leichtigkeit der Darstellung und die Einfachheit der Lernschritte begeistern sie. Sie liest:*

Gewaltfreie Kommunikation erlernen
Angelehnt an die vorgestellten symmetrischen Kommunikationsmodelle wird ein griffigeres Modell angeboten, das für einige Menschen einfacher zu erlernen ist, ohne weniger anspruchsvoll zu sein. Es hat, neben einer leicht nachvollziehbaren Begrifflichkeit, auch den Vorteil, dass man relativ einfach und schnell anfangen kann, die ersten Schritte „gewaltfreier Kommunikation"[33] auszuprobieren. Zunächst sollte damit begonnen werden, typische Fehler zu vermeiden, wie die vier apokalyptischen Reiter, die die Schlacht beginnen wollen[34]:

Keine Kritik üben, *sondern Beobachtung und Gefühle schildern.*

Nicht ver- oder beurteilen, *sondern erklären, welche Hoffnungen enttäuscht worden sind.*

Keine Eigenschaften zuschreiben oder interpretieren, *sonder Auswirkungen schildern.*

---

[33] Marshall B. Rosenberg: Gewaltfreie Kommunikation: aufrichtig und einfühlsam miteinander sprechen. Neue Wege in der Mediation und im Umgang mit Konflikten, Paderborn 2001
[34] David Servan-Schreiber: Die Neue Medizin der Emotion, München 2006, S. 222

Keinen Gegenangriff starten oder mit totalem Rückzug reagieren, *sondern nur eigene Gedanken und Empfindungen einbringen.*

Gewaltfreie Kommunikation als Verhaltensreihe sähe dann so aus: Was sollte ich also einhalten? Wie sollte ich kommunizieren? Entscheidend ist die Einhaltung folgender Reihenfolge:

1. Was habe ich beobachtet und wahrgenommen? (Das auch genau so sagen!)
2. Welche Gefühle stellen sich bei mir bei dieser Wahrnehmung ein?
3. Was und warum ist das wichtig für mich?
4. Welche Hoffnungen und Bedürfnisse sind damit verbunden?

Neben diesen praktischen Dingen gibt es vier zusätzliche Schritte, die geübt werden müssen, um gewaltfrei und einfühlsam kommunizieren zu können und die dafür erforderliche innere Haltung zu erlangen.[35] Neben diesen einfachen Übungen wird es später notwendig, das alles zu integrieren und die inneren Vorgänge und Haltungen zu übertragen. Dazu können weitere Schritte genutzt werden.

1. Schritt: Beobachten – ohne zu bewerten
Im ersten Schritt sage ich, was der Anlass ist, weshalb ich dieses Gespräch beginne. Wichtig ist, dass ich keine Bewertung in meine Aussage hineinmische. Besser ist es, wie schon häufig beschrieben,

---

[35] Auszug aus: Wenn die Giraffe mit dem Wolf tanzt von Serena Rust, S.18f

wirklich nicht zu bewerten. Was genau war der Auslöser, auf den ich reagiert habe? Was habe ich gesehen oder gehört? Wenn ich sage: *„Du kommst 20 Minuten nach dem Filmanfang!"* drücke ich aus, was ich beobachte. Sage ich: *„Du kommst schon wieder zu spät!"* mische ich hinein, was ich davon halte.

2. Schritt: Fühlen – ohne zu interpretieren
Im zweiten Schritt spreche ich mein Gefühl an. Ich kann zum Beispiel ängstlich sein, froh, betroffen, frustriert, berührt oder traurig. Sage ich hingegen: *„Ich fühle mich von meinem Chef übergangen!"*, drücke ich aus, wie ich ein bestimmtes Verhalten meines Chefs interpretiere.

3. Schritt: Bedürfnisse – statt Strategien
Im dritten Schritt sage ich, welches Bedürfnis hinter diesem Gefühl liegt, das mich bewegt, zum Beispiel das Bedürfnis nach Zugehörigkeit, Freiheit, Sicherheit, Autonomie oder Sinn. Mit dem Satz: *„Ich brauche Erholung"*, drücke ich ein Bedürfnis aus. Sage ich hingegen: *„Ich möchte morgen einen Ausflug machen"*, spreche ich von einer Strategie, einem konkreten Weg, wie ich mein Bedürfnis nach Erholung befriedigen will.

4. Schritt: Bitten – statt fordern
Und im vierten Schritt schließlich äußere ich eine Bitte[36], in der ich sehr konkret sage, was ich jetzt

---

[36] Es ist hilfreich, die möglichen Bitten in zwei Gruppen zu teilen. Die eine besteht aus Beispielen, bei denen Sie persönlich Hilfe benötigen. Die zweite besteht aus denen, die vom anderen eine zukünftige Verhaltensänderung erbitten. Diese sind mit Vorsicht zu verwenden.

gerne möchte. *„Bitte, kannst du die Spülmaschine gleich ausräumen?"* Ob das eine Bitte oder eine Forderung ist, entscheidet sich, daran, ob der andere „Nein" sagen kann, ohne dass unsere Verbindung leidet oder er mit Sanktionen rechnen muss. Diese Bitte sollte sich aber möglichst nur auf Verhalten beziehen, nicht auf Eigenschaften. Also nicht: *„Ich bitte dich, ordentlicher zu werden"*, sondern: *„Bitte räume den Tisch ab."* Mit dieser Art des Vorgehens kann nicht nur tatsächlich die meiste kommunikative Gewalt vermieden werden, sondern auch sehr Unangenehmes angesprochen werden. Mit anderen Worten: Ich kann alles sagen, ich muss mich nur an die Regeln halten.

Anna überlegt, wie sie diese Kommunikationsregeln auf die Kindererziehung anwenden kann, sammelt Beispiele und spricht mit anderen Frauen darüber. Die sind sofort begeistert und wollten mitmachen. Anna schlägt nach einigem Nachdenken vor, eine kleine Gruppe zu gründen und sich mit diesen Inhalten zu beschäftigen. Sie ist überrascht von der hohen Motivation der Mütter. Bisher hatte sie immer ganz andere Erfahrungen gemacht, nämlich dass alles mühsam und zäh ging. Hier ist es anders. „Wieder eine neue schöne Erfahrung", denkt Anna. „Es ist ja doch möglich, etwas zu verändern."
Sie treffen sich ab sofort regelmäßig. Anna übernimmt schnell die Rolle der Verantwortlichen und organisiert zur Erleichterung der Teilnehmer die Inhalte und Methoden, die sie ja auch durch ihre

---

Weil wir nicht völlig neu anfangen und viele alte Erfahrungen noch wirken, kann es besser sein, es vorübergehend zu unterlassen. Der andere sollte mit den neuen Informationen in <u>Freiheit</u> neu entscheiden können.

Arbeit außergewöhnlich gut kennt. Das erfüllt sie mit so großer Genugtuung, dass sie bei jeder Gelegenheit davon schwärmt. Eine so eindeutige Motivation ist auch für sie neu. Die anderen Teilnehmer sehen das genauso. Es ist eine neue, besonders erfüllende neue Erfahrung. Anna gibt sich mit großer Leichtigkeit die erdenklichste Mühe und bereitet gewissenhaft die benötigten Unterlagen vor. Hans lacht häufig über ihren Enthusiasmus und meint, dass sie eine reine kindliche Freude zeigen würde, die direkt ansteckend sei. Das gefällt ihr, so soll es sein und vor allem bleiben.
Die praktische Arbeit in den Familien ist natürlich nicht leicht. Alle erkennen, dass das eine Kompetenz ist, die man irgendwann hat und einsetzt oder eben nicht. Sie zu erlernen und lediglich für besondere Momente der Kindererziehung vorzusehen, das geht nicht, das merken alle. Sie muss in die Persönlichkeit integriert sein und eine entsprechende Haltung verursachen, nämlich eine gewaltfreie. Das ist natürlich leicht geschrieben. Die Anwendung bringt zum Teil erhebliche Schwierigkeiten mit sich. Aus jahrzehntelanger Erfahrung mit solchen »Vorhaben« rät Anna, einen Partner oder einen Coach zu suchen: „Am besten ist es, wenn derjenige das Gleiche einüben möchte und häufigen Kontakt mit dir hat. Ihr gebt euch dann gegenseitig Rückmeldungen, ihr nutzt heimlich vereinbarte Zeichen, um in einer Situation dem anderen den falschen Weg zu signalisieren oder auch eine Bestätigung. Das kann zum Beispiel bei einer gemeinsamen Besprechung ein abgesprochenes Fingerzeichen sein, das dem Lernpartner entweder signalisiert: „Du bist auf dem richtigen Weg" oder: „Du bewertest!" Außenstehende können mit diesen Zeichen nichts anfangen. Das macht sogar Spaß und

entzieht dem Vorgang weitgehend die innewohnende Anstrengung und Peinlichkeit. Bei einer konkurrenzfreien Beziehung ist natürlich der Ehepartner dafür gut geeignet. Nach den ersten Erfolgen können Verträge mit kleinen Strafen oder besser Belohnungen mit dem Partner ergänzend abgeschlossen werden."

Einige befolgen Annas Anregungen mit durchschlagendem Erfolg und veranlassen andere, das ebenfalls zu versuchen. Schließlich kommen sie an einen Punkt, wo sie es alle so gut anwenden können, dass es nicht mehr richtig vorangeht. Trotzdem wollen alle weitermachen, auf keinen Fall auseinandergehen. Anna wird bedrängt, mehr zu liefern. Bisher hatten sie nur auf Probleme reagiert. Sie vereinbaren, ab sofort aktiver und gestaltender einzugreifen. Anna findet dazu einige hilfreiche Gedanken.

Quelle beachten! Es muss sichergestellt sein, dass wirklich die Person Auslöser ist und nicht die Situation oder dass nicht du selbst nur reagierst (siehe hierzu auch das A-B-C-Modell).

Ort und Gelegenheit aussuchen! Nicht jede Situation ist geeignet. Häufig ist es günstiger, den aktuell brennenden Vorfall laufen zu lassen und nach einer Zeit erneut darauf zu sprechen zu kommen. Beide Parteien sind dann schon weiniger aufgeregt und schneller bereit, sachlicher darüber zu sprechen. Hinzu kommt die Möglichkeit, alles zu überdenken und vorzubereiten (auch zu üben, eventuell mit dem Lernpartner).

Begegnung freundlich gestalten! Damit ist gemeint, nicht unecht sein oder gequält lachen, sondern sich wahr und echt äußern. Es ist wichtiger, so zu interagieren, wie man sich fühlt. Allerdings kann der Gesprächseinstieg dennoch freundlich, aufmerksam und frei von Angriffen und Vorwürfen sein.

Objektivität unbedingt einhalten! Genau betrachtet ist das sehr schwer einhaltbar. Deshalb solltest du lieber die genauso taugliche, aber sehr viel einfachere Lösung nehmen und nur die Beobachtungen und Wahrnehmungen ohne jede Bewertung mitteilen (also nicht: *„Da warst du aggressiv."*, sondern nur: *„Da hast du mit sehr lauter Stimme auf mich eingeredet."*) **Gefühle schildern!** An dieser Stelle solltest du alle Energie und Intensität nutzen, ohne zu übertreiben. Solange du bei dir selbst bleibst und Dinge sagst, die nur mit dir zu tun haben, bleibt alles wirksam und ungefährlich. Gemeint sind neben Gefühlen auch Gedanken, Vergangenheit, aktuelle Gegenwart, Überlegungen über die Zukunft. Nicht gemeint, weil zerstörerisch, sind Du-Sätze über die andere Person: „Du ...!"

Enttäuschung skizzieren! Wichtig ist, Klarheit durch Wahrheit herstellen, ohne zu übertreiben. Die bisher aufgeführten Punkte reichen erfahrungsgemäß aus, um ein gewaltfreies Gespräch einzuhalten.

Die Gruppe übt Gesprächsbeispiele aus den verschiedensten Bereichen. Alle Mitglieder sind zutiefst von den Vorteilen überzeugt und bringen immer neue Erlebnisse aus ihrem eigenen Leben in die Gruppenarbeit ein. Am Anfang ist diese sehr persönliche Ebene für alle noch etwas ungewohnt, doch mit der Zeit wird der Umgang miteinander sicherer, und die Interaktionen verlaufen wie selbstverständlich.

Nur beim letzten Punkt, Bitten und Vorschläge zu machen, ist der Ton häufig noch fordernd und vorwerfend. Hier fehlt immer noch eine wirklich gewaltfreie Haltung. Anna fällt das sofort auf. Sie ist jedoch sehr vorsichtig, und sie traut sich nicht, das gute Arbeiten zu durchlöchern. Schließlich wird es jedoch so deutlich, dass auch andere anfangen, Zweifel zu hegen. Anna versucht zu erklären:
„Viele Lehrbücher schlagen vor, Bitten, Vorschläge und/oder Forderungen anzuhängen. Das haben wir alle auch ausführlich geübt. Davor möchte ich aber heute ausdrücklich warnen. Der Grundgedanke kommt aus der Therapie und bezieht sich auf Menschen, die nicht mehr ausreichend in der Lage sind, ihre Bedürfnisse vorzutragen. Das gilt für uns alle nicht, wir können das. Daher sollten wir es nicht nur deshalb lassen, weil wir es sowieso gut können und nicht mehr zu üben brauchen, sondern auch, weil alle uneingestandenen Reste, alte Wunden, vergangene Schmerzen, Rachegedanken, Selbstbehauptungsversuche und so weiter sich da hineinschleichen werden, ohne dass wir es verhindern können. Das ist nämlich genau die Gesprächsstelle, an der das Kampfverhalten auf beiden Seiten wieder durchschimmert und in der Regel schnell die Oberhand gewinnt. Dann war alles Bemühen vergebens, das alte Streitverhalten taucht wieder auf und wird verstärkt. Es gibt jedoch noch einen weiteren Punkt, der mir sehr am Herzen liegt und mit dem ich die allerbesten Erfahrungen gemacht habe. Lassen wir dem anderen die absolute Freiheit, über alles nachzudenken, selbst Lösungsvorschläge zu finden und abzuwägen und bei weiteren Gesprächen selbst einzubringen. Die werden dann um ein Vielfaches genauer eingehalten und die damit verbundenen Gefühle sind erheblich positiver und langfristig tragfähiger.

Das funktioniert auch bei geglaubter Unmündigkeit, wie zum Beispiel bei kleinen Kindern. Wir alle werden überrascht sein, wie kompetent sie sein können. Abgesehen davon fördern wir auch noch Wachstum und das Selbstwertgefühl, das wollen wir doch alle. Unsere Kinder sollen sich selbstständig und vollständig entwickeln. Denkt deshalb daran: Vorschläge sind Schläge! Sollte es trotzdem notwendig sein, die Zukunft anzusprechen, dann sollten wir uns unbedingt auf den eigenen Kosmos beziehen. Welche Hoffnungen hatte ich vorher? Wie heißt die Täuschung bei dieser Ent-Täuschung? Was benötigen wir jetzt oder für unsere Beziehung?"
Sie diskutieren noch lange einige Beispiele. Allen wird klar, dass darin eine Gefahr beststeht, und sind froh, dass Anna aufpasst und sanft korrigierend eingreift. Das bekommt sie natürlich mit und sucht nach weiteren Unterlagen, die eine andere Tiefe ermöglichen sollen.

Der Aggressionsstaubsauger – Was brauchen wir eigentlich?
Mit dem bisher Vorgestellten verwandt ist eine weitere Übung, die außergewöhnliche Auswirkungen auf dich, deinen Gesprächspartner, auf Gruppenmitglieder und auf das Selbstwertgefühl (Ich-Stärke) aller Beteiligten haben wird. Es ist zwar anspruchsvoll und in den ersten Schritten schwierig, dennoch leicht zu erlernen, wenn man einigermaßen mit sich im Reinen ist.

1. „Was braucht mein Gesprächspartner in diesem Moment?"
Das ist die erste Frage, die du dir lieber einmal zu häufig als zu wenig stellen solltest und das in jeder Alltagssituation, natürlich besonders in einem Ge-

spräch. Egal wer das Gespräch beginnt, an welcher Stelle es sich befindet, sobald dein Gesprächspartner etwas sagt, zwinge dich dazu, dich zu fragen:

„Was braucht er? Was fehlt ihm?"
Dann sagst du dein Ergebnis und wartest auf die Einlassung. Du wirst überrascht sein, wie gut das funktioniert. Je häufiger dir das gelingt, umso mehr spüren die Gesprächspartner, dass sie gesehen werden, dass sie ernst genommen werden. Tatsächlich wirst du die Menschen auch genauer sehen und ernster nehmen. Das wird langfristig von allein eintreten. Ziemlich sicher wird es dir auch selbst eine tiefe Befriedigung verschaffen, weil du es schaffst, jemandem nahe zu sein, ohne unechte Tricks anzuwenden. Hast du erst damit ausreichende Erfahrungen gemacht und eine gewisse Routine entwickelt, so kannst du den nächsten Schritt ausprobieren.

2. Was fehlt mir?
Mit der schon geübten Fähigkeit, die Bedürfnisse des anderen im Gespräch zu erkennen, verwandt ist die Fähigkeit, auch aktuelle eigene Bedürfnisse besser mitzubekommen. Das wird dann genauer und viel schneller geschehen, als du es für möglich hältst, denn dein Unbewusstes wird diese Möglichkeit nicht verstreichen lassen, ohne sich immer schneller und deutlicher zu melden. An geeigneter Stelle solltest du das dann dem anderen mitteilen. Du sagst zum Beispiel: *„Ich fühle mich nicht richtig verstanden und spüre, wie ich anfange, mich zu ärgern." „Im Moment spüre ich das Bedürfnis, irgendetwas zu tun, was alles*

wieder einrenkt." „Ich merke, dass ich immer trauriger und hilfloser werde." Aber Achtung! Wenn du in deinem Leben eher zu kurz gekommen bist, besteht die sehr große Gefahr, dass du über das Ziel hinausschießen wirst und das, ohne es zu merken. Deshalb solltest du, sobald es gut funktioniert, einen dir nahe stehenden und eingeweihten Lernpartner regelmäßig interviewen, ob du nicht zu egozentrisch reagierst. Das passiert leider sehr häufig. Es scheint, als gäbe es da Unendliches nachzuholen. Die Mitmenschen können mit dem durchaus verständlichen Vorgang des Nachholens nicht umgehen, weil es ihnen erhebliche Angst macht. Sie können es nicht einordnen, sie kennen es nicht und werden sich abwenden. Deshalb solltest du diszipliniert arbeiten und Kontrollen als wichtige Zwischenschritte begreifen und nicht als unnötige und ärgerliche Zusatzarbeit verstehen! Sonst ist es bilanzmäßig besser, du lässt es von vornherein.

3. Fragen nach den dahinter liegenden Bedürfnissen

Die dritte Stufe, die allerdings erst nach Erprobung der anderen beiden einbezogen werden sollte, besteht darin, auch nach dem zu fragen, was der andere möchte, welche aktuellen Bedürfnisse er hat und/oder was für ihn notwendig ist, um die Situation besser zu bewältigen. Das ist deshalb an den Schluss gesetzt, weil es bedingungslos echt und ehrlich sein muss. Es muss getragen sein von dem reinen Wunsch, den anderen wirklich zu verstehen. Dieser Schritt, ich will es lieber nochmals sagen, löst nur dann fruchtbringende Reaktionen aus, wenn er vorbehaltlos und ohne Veränderungsabsicht und missionarischen Eifer geschehen kann. Dann allerdings ist es für alle herzerwärmend und erfolgreich.

Rosa, ihre Tochter, hat mittlerweile schon das Alter, um Störungen auszulösen und unangemessene Verhaltensweisen zu zeigen. Davon macht sie auch reichlich Gebrauch. Hans gelangt dabei öfter an eine Grenze, an der er sehr frustriert oder sauer reagiert, obwohl er alle Theorien kennt und eine gute Kompetenz erworben hat. Er versteht nicht, warum es bei Anna sehr viel besser funktioniert. Sie beobachten beide und nach einiger Zeit wird es ihnen klar: Hans sagt zwar die richtigen Sätze, er bewertet aber vorher immer noch. Das hört man an der Stimme. Anna hat das mittlerweile bis auf einen verschwindend geringen Rest völlig aufgegeben. Das zeigt sich in der Betonung und vor allem im Gesicht und in der Lautstärke. Hans ist sauer, Anna freundlich und offen, obwohl nahezu die gleichen Sätze aus ihren Mündern kommen. Bei Anna kommt es auch vor, dass die Kleine einen Moment lang weitermacht oder sauer und verstockt ist. Aber nach einem kurzen Blickkontakt hellt sich das Gesicht meist auf und ein gemischtes Lächeln löst die Situation. Nicht selten kommt dann nach ein paar Minuten: „Mama, ich hab dich lieb!", was mit einer innigen Umarmung bekräftigt wird.
Leichter wird es, als sie sich in der Gruppe darüber unterhalten, dass Kinder noch eine unverfälschte Kompetenz haben zu spüren, was ihnen gut tut und was sie nicht wollen. Erst wenn sie älter werden, fangen sie an, durch die Forderungen der Umwelt auch weiterhin Dinge zu tun, die sie eigentlich immer noch nicht wollen oder die sie nur aus Rücksicht

für andere machen. Anna weiß, dass das ein schwieriger und gefährlicher Entwicklungsbereich ist, der wohlangepasste und sehr ausgewogene Schritte erfordert. Größere Fehler in dieser Zeit verursachen schnell Störungen und Krankheitsbilder. Komischerweise genügen diese Informationen, und Hans kann auf einmal mit größerer Leichtigkeit, mit viel mehr Verständnis und vor allem mit einer völlig anderen „Bewertung" mit Rosa sprechen. Anna freut sich sehr, und Hans ist stolz auf sich. Anna denkt: „Es ist wieder einmal ein Beweis, dass jeder seinen eigenen Weg finden muss, Mein Weg war für ihn eben nicht so einfach. Er hatte es damit schwerer. Jetzt mit der Hintergrundinformation geht es auf einmal gut, toll!" Es läuft fortan alles erfreulich. Anna hat das Gefühl, dass Rosa jede mögliche positive Zuwendung bekommt und gesund und ohne Schaden aufwachsen kann. Sie freut sich in den nächsten Monaten unzählige Male über ihr Zusammensein und die täglichen kleinen Erfolge. Sie macht sich keine Sorgen mehr, sondern kann alles in vollen Zügen genießen. Sie ist ausgeglichen und glücklich. Hans gefällt das alles auch sehr gut. Er meint, das sei im Moment die schönste Zeit in ihrer bisherigen Ehe.
Trotz der vielen positiven Dinge fühlt Anna sich manchmal noch enttäuscht und melancholisch. Es tut nicht mehr so weh wie früher, aber einen kleinen Stich gibt es dann doch. Je distanzierter und unbekannter die Beziehung ist, um die es gerade geht, desto häufiger kommt es vor, dass die alten Verhaltensweisen wieder auftauchten. Anna kann zwar sehr professionell damit umgehen und tut das auch, trotzdem hinterlässt der Vorgang am Ende immer ein unangenehmes Gefühl. Anna ist von allem mittlerweile sehr verwöhnt und rechnet nicht mehr mit solchem Verhalten, sowohl bei sich als auch bei an-

deren, ist dann aber umso überraschter und erschrockener, wenn es doch wieder vorkommt. Verhaltensweisen, die sie früher bloß mit leichtem Bedauern registrierte, beschäftigen sie dann lange Zeit. „Warum sind die Menschen so?", fragt sie sich.
Häufig spricht sie mit Hans darüber. Der versteht nicht, warum sie das so bewegt, versucht abzuschwächen und zu relativieren: „Das sind doch unwichtige Beziehungen, die Menschen sind doch sehr weit weg."
Das hat früher vielleicht einmal funktioniert, doch jetzt, hat es auf Anna keine Wirkung mehr. Diese kleinen Enttäuschungen sind nicht schlimm, aber sie beeinflussen die Befindlichkeit. Und das will Anna eigentlich nicht mehr. Bisher hatte sie alles geschafft, alles verbessert und ein wirklich erfüllendes Leben erreicht. Diese letzte Störung soll möglichst auch noch weg.
Die zwei grundlegenden Richtungen sind ihr klar: Zum einen konnte sie sich verändern, zum anderen konnte die Gesellschaft sich ändern. Menschen kann man aber nicht so ohne weiteres verändern. Einfacher ist es natürlich wieder einmal, bei sich selbst anzufangen. Sich mit den gesellschaftlichen Veränderungen zu beschäftigen, das nimmt sie sich für die nächsten Jahre vor. Obwohl sie genau weiß, dass sie sich zunächst selbst ändern muss, um nicht mehr enttäuscht zu werden, gelingt ihr das nicht gut genug. Sie bewertet absolut nicht mehr, dennoch macht das Verhalten der anderen sie traurig und bedrückt sie.
„War das doch noch ein Rest von Bewertung?"
Schließlich entschließt sie sich, wieder einmal Peter aufzusuchen. Den hat sie nun schon lange Zeit nicht mehr gesehen. Er hört sich wieder alles an und

meint: „Enttäuscht sein heißt, eine Täuschung aufzuheben. Du siehst dann die Wahrheit."
„Ja, das ist es eben. Die finde ich dann eben sehr traurig, auch wenn ich nicht bewerte, allein schon wegen der verpassten Möglichkeiten."
„Anna, du bist mittlerweile sehr kompetent geworden. Wenn es dir dann hierbei nicht gelingt, in Gelassenheit das Geschehen hinzunehmen, liegt es vermutlich daran, dass es dir außergewöhnlich wichtig ist. Da hilft nur, die Wichtigkeit zu reduzieren oder zu transformieren."
Anna zieht verwundert die Augenbrauen hoch. „Das mit der Wichtigkeit habe ich mir schon gedacht, es gefällt mir aber nicht. Wenn alle das so sehen würden, dann gäbe es in unserer Gesellschaft keine Entwicklung mehr. Dass das notwendig ist, kannst du jeden Abend in den Nachrichten sehen. Aber was ist das mit der Transformation?"
„Es geht dabei darum, dass die als negativ empfundenen Vorgänge in der Vergangenheit liegen, also nicht mehr im Hier und Jetzt, dass ihre Wirkung nur Gedanken im eigenen Kopf sind, keine Realität. Sie stellen eine Art geglaubte Erinnerung und Bewertung dar, die daraufhin zu untersuchen sind, ob sie absolut wahr sind und auch welche Vorzüge diese haben können, die positive Seite hervorzuheben und das Negative in den Hintergrund zu bringen."
„Und wie soll das gehen?", fragt Anna. „Denk doch noch mal an die Dinge in deiner Kindheit, die du sehr genau untersucht hast. Als Ergebnis hattest du festgestellt, dass deine Eltern dich in der Entwicklung behindert haben und du nicht zu voller Größe heranwachsen konntest. Das alles hast du genau erkannt und mit Bedauern, Trauer und negativen Gefühlen besetzt. Stell dir nun mal vor, du hättest die besten und optimalsten Bedingungen gehabt.

Dann hättest du dich sicherlich vollständig entwickelt. Aber was wäre danach gekommen? Hättest du dann noch Wachstumsschritte unternommen, hättest du dich mit den vielen Dingen beschäftigt, dich zu so einer kompetenten Frau verändert? Vermutlich nicht oder sehr viel weniger oder ganz anders. Warum hättest du das auch tun sollen, du warst ja vollständig entwickelt. Da gibt es kein Motiv. Jetzt musstest du etwas unternehmen, du musstest die Entwicklungsprobleme bearbeiten und dazulernen. Mit anderen Worten, es war vielleicht tatsächlich ein „Geschenk" deiner Eltern, das dir ermöglicht hat, so toll zu werden. Du musst nicht unbedingt dankbar dafür sein, mach dir aber bewusst, deine Eltern haben es so gut gemacht, wie sie konnten und dir mit dem Geschenk die Möglichkeit mitgegeben, selbstständig eine eigene Entwicklung einzuleiten. Möglicherweise hättest du sonst den von deinen Eltern geplanten Weg genommen." Anna wird sehr nachdenklich. *Peters Ausführungen leuchten ihr ein. Sie denkt: „Ist das nicht bloß ein Trick? Nein, man kann es so oder so sehen, das stimmt schon, beides hat seine Berechtigung."*
Peter scheint mitzubekommen, was in ihr vorgeht: „Jeder Gedanke, den wir produzieren, fällt zunächst in unser eigenes Spielfeld, nicht in den Bereich der anderen. Wenn der aber negativ ist, uns behindert und runterzieht, warum sollten wir das dann tun? Vor allem, wenn es auch positiv geht und das ohne Lüge und Heuchelei? Mit anderen Worten spricht alles dafür, Negatives ehrlich zu transformieren. Nehmen wir mal deine heutigen Enttäuschungen. Das tut dir weh, wie du sagst. Was ist aber passiert? Du bist einer Täuschung aufgesessen. Diese Täuschung ist jetzt aufgehoben, du siehst endlich klar. Vorher warst du getäuscht. Was ist denn besser für

dich, wenn du getäuscht durchs Leben gehst oder die Wahrheit erblicken kannst? Also wähle zwischen Täuschung und Klarheit, notfalls auch durch eine Enttäuschung. Was ist besser für dich?"
Anna zögert lange. Sie quält sich gedanklich durch die Möglichkeiten, gibt aber dann zögernd zu, dass enttäuscht zu sein vermutlich besser ist.
Peter legt nach: „Du weißt, dass wir weniger als 10% der Schallwellen und ebenso wenig der Lichtwellen wahrnehmen können. Mehr als 90% fehlen uns. Dann filtern wir noch extrem, was wir betrachten, wohin wir schauen, was wir uns merken wollen. Aus den Minimalinformationen konstruieren wir dann unsere Welt. Wir glauben dann aber ziemlich sicher, dass sie so ist, wie wir annehmen und glauben. Wir halten andere für ungebildet und nicht ganz richtig, wenn sie eine andere Sicht auf die Welt haben. Obwohl das völlig normal ist, ja sogar so sein muss und gar nicht anders sein kann. Das ist vermutlich mindestens so richtig, wie unsere eigene Sicht. Deswegen kann man nicht nur sauer sein, sondern sich auch trefflich streiten, wer recht hat. Mit anderen Worten, wir sind täglich getäuscht, und wir täuschen uns immer wieder. Eine <u>Ent</u>-Täuschung müsste deshalb auch gute Gefühle und Dankbarkeit verursachen und nicht nur sauer machen."
„Das scheint alles richtig zu sein, aber bis ich mich darüber freue, das wird noch lange dauern."
Peter nickt und meint, dass auch er das nur halb hinbekomme. Für solche Zwischenlösungen müsse man aber dann formulieren und eben üben. Man müsse zum Beispiel sagen: „Ich bin jetzt enttäuscht. Ich danke dir dafür, dass die Täuschung aufgehoben ist, dass ich jetzt klarer sehen kann. Das tut mir noch weh, obwohl es gut sein wird."

Anna lacht und überlegt, wie die Menschen mit solch einer Interaktion umgehen würden.
Peter hat auch einige Probleme, ist aber von der Echtheit und Gradlinigkeit überzeugt und schwächt ein wenig ab: „Es ist am Anfang auch nicht schlimm, wenn man es nur denkt und nicht sofort sagt. Das führt auch zu positiven Veränderungen."
Anna verspricht, das zu üben, Peter ebenso. Sie wollen zu einem späteren Zeitpunkt einmal darauf zurückkommen.
Anna übt tatsächlich in den nächsten Wochen. Sie wundert sich, wie leicht ihr das fällt. Es tut wirklich nicht mehr weh. Nur wenn es um sehr tiefe persönliche Dinge geht, zum Beispiel mit Hans, dann muss sie ihre ganze Kompetenz nutzen, um nicht sauer zu werden. Das klappt dann allerdings auch, nur eben sehr viel mühsamer. Anna freut sich jedes Mal, wenn es ihr gelingt, sich nicht mehr schlecht zu fühlen. Wie einfach doch alles geworden ist!

Nach einigen Monaten, besonders nach einem Gespräch mit Peter, den sie auf dem Weihnachtsmarkt getroffen hatte, kann Anna für sich resümieren. Sie ist jetzt wirklich nur noch extrem selten sauer oder traurig. Sie hat noch einige andere Quellen und Methoden gefunden, die alles bestätigten und ihre Sicht verfeinerten[37]. Das Leben macht sehr viel mehr Freude, und die Bekannten und Freunde merken es ihr an. Sie sind sehr gern mit ihr zusammen, bewundern sie, schauen zu ihr auf, trauen ihr alles zu und fühlen sich in ihrer Nähe ausgesprochen wohl. Diese

---

[37] Etwas anders dargestellt, als einfache und wirksame Methode für die Selbstanwendung: Byron Katie, The Work

Gefühle sprechen sie auch aus. Das gibt ihr ungeahnte Freiheit, die sie ja so liebt. Es stimmt also doch, wenn man sich voll entwickelt hat und aktuell nichts fehlt, man sich nicht mehr gezwungen sieht, sich mit allem zu beschäftigen, kann man aus dem Zustand der Fülle unendlich viel mehr geben. Das ist wunderbar und sehr viel wirkungsvoller als alles, was sie bisher mitbekommen hat. Sie genießt die Zeit in vollen Zügen und ist für ihre Mitmenschen eine bewundernswerte Bereicherung, weil sie nicht nur bewertungsfrei zuhören kann, sondern auch die Freiheit hat, Zeit zu investieren und zu geben.
„Das sind die schönsten Jahre", schwärmt sie Hans häufig vor. Er sieht das ganz ähnlich. Ihre Partnerschaft ist zwar völlig anders als in der Anfangszeit, viel ruhiger und tiefer, sicherer und erfüllender. Es gibt auch keine ernsten Probleme mehr, die besprochen werden müssen, alles läuft wie von selbst. Sie unterhalten sich beinahe ausschließlich über die Dinge, die sie erleben, was sie dabei empfinden und denken und haben dann jedes Mal das Gefühl, sich noch näher zu kommen, obwohl das vermutlich gar nicht mehr geht.

Anna wäre jedoch nicht Anna, wenn sie nicht doch über vieles nachdenken würde. Sie beschäftigt sich mit neuer Hirnforschung, mit Erkenntnissen aus dem Gesundheitsbereich und versucht, gesünder zu leben, stellt regelmäßig ihre Ernährung um und kocht mittlerweile leidenschaftlich. Hans lächelt immer darüber. Er hat sehr viele Vorteile dadurch. Es ist nicht schwer, das zu genießen.
Sie grübelt auch darüber, wie die anderen Menschen, die weiter weg sind, auch die Möglichkeiten bekommen könnten, zu sehen, zu vergleichen, zu lernen. Soll sie in die Politik gehen? Diese Gedanken

lösen in ihr nur unangenehme Gefühle aus. Wenn sie die Politiker z.B. im Fernsehen reden hört, wird ihr zwischendurch sogar schlecht, so unecht, nichtssagend und inkompetent erscheinen ihr die meisten Beiträge. Anna nimmt sich fest vor, die gesellschaftlichen Fragen in Ruhe nachzulesen, ertappt sich aber regelmäßig dabei, es aufzuschieben. Spätestens nach ihrer Verrentung will sie einen neuen Anlauf nehmen und alles genau studieren.

Sie verbringt die letzten fünf Jahre ihrer verbliebenen Arbeitszeit in tiefer Zufriedenheit. Eine Kollegin sagt einmal etwas angetrunken: „Anna ist ein Suchtfaktor."
Sie wird noch dreimal ohne größere Bemühungen befördert und nach dem Eintritt in den Ruhestand aufs Schmerzlichste vermisst. Angebote, doch länger zu arbeiten oder eine halbe Stelle weiterzuführen, lehnt sie ab.
„Jetzt sind Jüngere an der Reihe", pflegt sie dann zu sagen. „Es wird Zeit, dass die auch eine Chance bekommen."
In den Monaten nach ihrem Weggang verspüren auch die Letzten, welch ein Verlust eingetreten ist und wie groß die Lücke ist, die zurückbleibt. Sie rufen häufig an und sind traurig, einige wünschen sich ihre Rückkehr.
Und noch etwas geschieht unbemerkt: In diesen letzten Jahren hatten viele Menschen in der Organisation aus dem bescheidenen, aber unerhört wirksamen Modell von Anna gelernt. Unzählige Einzelheiten multiplizierten sich unbemerkt. Verhalten wurde kopiert und für selbstverständlich gehalten. Nun, da sie nicht mehr zur Arbeit kommt, übernehmen eine Reihe von Weggefährten die bekannten Rollen, Methoden und Verhaltensweisen. Die entstandene Lü-

cke schließt sich unmerklich durch die mittlerweile gewachsenen Fähigkeiten mehrerer Menschen. Es gibt dabei keine Kämpfe oder Eifersucht, alles funktioniert von selbst und wie selbstverständlich. Anna bekommt das mit einiger Verzögerung mit und ist sehr dankbar und froh darüber, obwohl sie, wie sie selbst immer wieder sagt, nichts mehr damit zu tun hat. Ihr Mann lacht an solchen Stellen und sagt: „Das sind Selbstbeschwörungsformeln, du möchtest dich distanzieren Aber das scheint für dich sehr schwierig zu sein."

Die übrig gebliebenen Kämpfer, die es leider immer noch gibt, überwiegend in den anderen Abteilungen, haben erfreulicherweise keine Chance, mit ihrer Art sich an der Besetzung des Freigewordenen zu beteiligen, obwohl sie sich alle erdenkliche Mühe geben. Beinahe alle in der Organisation haben eine unschätzbar wertvolle Erfahrung tief in ihrem Wissen und in ihrem Herzen: Sie können jetzt vergleichen und müssen nicht mehr auf die alten Verhaltensweisen reinfallen. Kampfverhalten und Machtspielchen sind ihnen nicht nur peinlich, sie lösen echtes Mitleid aus für die, die das noch nötig haben. Denn nur, was man kennt, kann man sehen, erkennen, vergleichen und wertschätzen und damit der Gewalt abschwören.

Den Beweis für die Früchte der langen Bemühungen liefert ein Abteilungsleiter, der wegen einer erheblich besseren Bezahlung bei einem Tochterunternehmen anfing. Diesen Schritt bereut er jedoch relativ schnell und erzählt bei Besuchen mehrmals, wie unendlich groß der Unterschied sei und wie froh alle doch sein müssten, welches Glück sie hätten. Er versucht mehrmals zurückzukommen, was ihm schließ-

lich mit geringen finanziellen Einbußen auch gelingt. Für ihn ist klar, nur weil er das Anna-System in der Vergangenheit kennen und schätzen gelernt hat, konnte er an der neuen Arbeitsstelle vergleichen und musste dadurch leiden. Trotz einer geringeren Entlohnung kann er sich nun durch seine Rückkehr jedoch mehr Glück und Zufriedenheit verschaffen. Für diese Erkenntnis ist er Zeit seines Lebens dankbar und versucht es auch anderen zu erklären und zugänglich zu machen. Zu einem Geburtstag schreibt er Anna einmal und beichtet in Dankbarkeit seine Erkenntnisse.

Anna hat jetzt im Vergleich zu früher sehr viel mehr Zeit. Das ist zwar ungewohnt, aber auch neu und schön. Nach einer Erholungsphase spürt sie eine Unruhe in sich, die immer stärker wird. Sie muss etwas tun. Aber was? Sie liest Bücher und Romane, die sich in den Jahren zuvor angesammelt hatten, alles ungelesene Geschenke. Manches ist nicht schlecht und sehr unterhaltsam, einige Bücher empfindet sie jedoch als ziemlich überflüssig. Sie denkt mehrmals: „Du hast jetzt mehrere Hundert Seiten gelesen. Was ist jetzt anders, was hat es dir gegeben? War es wenigstens unterhaltsam? Haben sich die Stunden gelohnt?"

Kurz entschlossen beschafft sie sich wieder Fachliteratur, die gefällt ihr besser. Sie will schon seit Jahren das Verhalten von Menschen in der Gruppe und Gesellschaft nochmal genauer betrachten. Jahrelang hat sie schon eine immer größer werdende Abneigung gegen die bevormundende Marktwirtschaft, gegen die Auswüchse des Kapitalismus und die Verschiebung der Werte auf Haben und Besitz. Sie fürchtet, dass neben Entfremdung auch das sozi-

ale Miteinander leidet, dass die Beziehungen wie Waren betrachtet werden. Sie schüttelt den Kopf über den modernen Optimierungswahn der jüngeren Generation und weiß genau, das alles ist eine Sackgasse.

Vor einigen Tagen fand sie ihre Sorgen wieder einmal bestätigt. Einige Freundinnen schwärmten über eine Stunde von ihrer Freizeit und ihrem Urlaub. Sie berichteten von Spaß, Aufregung, von Event, Veranstaltung und Animation, was ihnen angeboten worden war und was sie gebucht hatten, auch was gefehlt hatte. Es waren ausnahmslos Dinge, die wie Waren von außen an sie herangetragen wurden. Die Freundinnen waren sich einig, im nächsten Jahr noch spektakulärere Dinge zu suchen, weil sie das Alte ja jetzt schon kannten. Anna dachte:"Das sind alles Dinge, die außerhalb von euch selbst liegen, Fremdes, was wie eine Ware angeboten wird." Ihr war klar, dass sie in diesem Sinne abhängiges, eigentlich unstillbares und süchtiges Verhalten zeigten. Aus sich heraus Freude empfinden, aus eigenem Fühlen etwas erleben, selbst produktiv und schöpferisch zu sein, sich mit der Natur verbunden zu fühlen, das kam in keinem Gedanke vor. Noch weiter entfernt schien der Gedanke zu sein, etwas für andere zu tun und dabei Sinn und Freude zu empfinden. Sie sagte nichts dazu und hörte aufmerksam zu. Aber es machte sie traurig.

Gleichzeitig fühlt Anna sich jetzt in ihren Überlegungen und Zielen immer sicherer. Ihr ist aus Erfahrungen früherer Jahre klar: „Bei abstrakten und philosophischen Dingen solltest du dich zuvor mit den wesentlichen Grundlagen auskennen, sonst erschließt sich der Sinn nicht!" Die bedeutsamste Ba-

sis der Gesellschaft scheint ihr das vorherrschende Rangordnungsverhalten zu sein. Das will sie zunächst durchleuchten und verstehen, weil es im gesamten Alltag Wirkung zeigt. Mit Erstaunen stellt sie fest, dass es darüber nur sehr wenig Literatur gibt. Ethologen, Soziologen und Sozialpsychologen sind sich offensichtlich nicht einig. Jeder beschäftigt sich mit seinen kleinen, spezifischen Themen. Sie beginnt deshalb zunächst mit Verhaltensforschung, weil sie davon noch gar nichts gehört hat. Sie findet einige gut lesbare Quellen:

Lebewesen auf diesem Planeten haben Vorteile davon, wenn sie sich in Gruppen zusammenschließen. Sie haben nachweislich weniger Stress, sind besser genährt, wehren sich erfolgreicher gegen Feinde und haben demzufolge günstigere Möglichkeiten, ihre Gene weiterzugeben (Genfitness). Es gibt also viele Gründe und Vorteile, sich in Gruppen zusammenzuschließen. Lebewesen organisieren ihr Zusammenleben nach den Möglichkeiten, die sie intellektuell haben. Die Strukturen können also sehr einfach bis hin zu sehr komplex sein. Man kann es sich wie eine Treppe vorstellen, auf jeder Stufe befindet sich eine Art, mit der dazu passenden sozialen Struktur. Der Mensch lebt natürlich oben.
Betrachten wir einen Augenblick die sozialen Fähigkeiten einiger Lebewesen, um dann über die menschliche Zukunft nachdenken zu können. Es gibt Tiere, zum Beispiel die Schnecken, die, von der Natur benachteiligt, andere nicht erkennen können. Ihre Fähigkeit zu sehen und zu erkennen beschränkt sich auf Schatten, auf die Wahrnehmung von hell bis dunkel. Leicht kann man sich

vorstellen, dass soziales Funktionieren, Suchen, Erkennen und Kontaktaufnahme unmöglich oder zumindest extrem schwierig sein müssen. Die Antwort auf der sozialen Ebene gibt die Natur, indem sie für diese „behinderte" Art Zwitter vorsieht. Jeder Artgenosse ist bei jeder Begegnung für eine Paarung geeignet. Das erleichtert alles, viel interagiert werden muss da nicht. Durch diese „kleine" Anpassung ist ein überlebensfähiger Kompromiss gefunden, so richtig sozial ist das natürlich noch nicht.

Erst wenn Lebewesen ihre Artgenossen als solche erkennen können (oder auch bestimmte Feinde), bilden sich soziale Interaktionen mit Regeln. Artgenossen erkennen heißt in diesem Falle noch nicht, sie individuell zu identifizieren. Also eine namentliche individuelle Zuordnung ist noch nicht möglich. Es gibt nur Artgenossen. Für dieses einfache Maß an Fähigkeiten hat die Natur eine passende Antwort entwickelt: Das ist die soziale Form der *Anonymen Schar*. Sie bringt mancherlei Vorteile. Jedes Lebewesen warnt die anderen vor Gefahren. Die Wachsamkeit und die Überlebensmöglichkeit nehmen zu. Flucht und Beruhigung folgen bestimmten Regeln. Sogar gemeinsamer Angriff wird möglich. Dieser Vorteil für die natürliche Selektion hat aus menschlicher Sicht den Nachteil, dass auf einen solchen Alarmruf *alle* flüchten *müssen*. Die eigene rationale Entscheidung, zu verharren, sich allein am Futter zu erfreuen und nicht die Flucht zu ergreifen, wäre toll, ist aber nicht möglich. Diese Art des Verhaltens finden wir häufig bei Vögeln, sie ist aber auch beim Menschen als eine soziale Verhaltensweise nachzuweisen. Wir kennen es als Panik.

Tritt sie ein, ist es ebenfalls nicht in das Ermessen eines einzelnen Menschen gestellt, jetzt zu entscheiden, ob die Alarmzeichen echt oder nur zufällig auftreten. Kommt die Gruppe in eine Bewegung, so flüchten alle. So gesehen ist es keine Katastrophe oder kein Unglück, wie manche glauben, sondern ein regelgerechtes Verhalten, von Genen und Memen verursacht, ein Verhalten, das wir kennen oder das zumindest als Verhaltensweisheit in uns wohnt. Es funktioniert, sobald das Gehirn ausreichend Kontrolle verliert. Solche Notfall- oder Alarmreaktionen[38] kennen einige noch aus den Kriegszeiten, sie sind für Menschen eine Ausnahme, bei anderen Lebewesen aber eine normale, natürliche Aktionsform ihrer Gesellschaftsstruktur. Die Gruppe spielt dabei die Rolle eines Verstärkers, Auslösers und Förderers eines solchen Verhaltens.

Sind die Lebewesen in der Lage, einzelne Artgenossen individuell zu identifizieren, so bilden sie Herdenstrukturen. Es gibt ein Leittier, eine Art Führung. Die Herdenmitglieder kennen, beziehungsweise erkennen alle den Chef. Der Führer kennt nur seinen Rivalen und je nach Eigenart der Paarungsregeln möglicherweise einige Weibchen. Mit anderen Worten reicht es als Fähigkeit aus, einen Gruppenangehörigen oder zumindest wenige zu kennen und zu erkennen. Auch in dieser Gruppe kann jedes Mitglied Alarm melden. Jetzt fliehen aber nur die Überängstlichen, sie kommen aber auch sofort zurück, wenn der Führer nicht ebenfalls flieht. Erst wenn auch

---

[38] W.D. Kudel: Lehrbuch der Psychologie, S. 212

die Leitung den Alarm bestätigt, flieht die ganze Gruppe. Der Führer legt den Fluchtweg fest und entscheidet auch sonst die meisten Dinge. Allerdings hat er auch Pflichten, die er nicht vernachlässigen darf. Er muss sich um die Gruppe kümmern, sie beschützen und vor Schaden bewahren. Auftretende Feinde werden deshalb zunächst von ihm angegriffen und nach Möglichkeit in die Flucht geschlagen. Führung ist so gesehen nicht nur ein Vorteil. Für diese Aufopferung gehorchen die Gruppenmitglieder in der Regel absolut und ohne Widerspruch (in der Natur). Aggressionen treten fast nur auf, wenn dem Führer der Platz streitig gemacht werden soll. Sonst herrscht ein ruhiges, aggressionsfreies Klima. Jedoch ist gezielte Aggression nach außen möglich, zum Beispiel gegen eine andere eindringende Gruppe. Hierbei übernimmt der Leiter wieder eine Führungsrolle. Vergleicht man diese Form mit der anonymen Schar, so kann man sich leicht vorstellen, dass Angst und ähnliche unangenehme Gefühle hier viel seltener auftreten. Geborgenheit und ein Gefühl der Sicherheit gehen in erheblichem Umfang von der Gruppe aus. Sie ist attraktiv und macht furchtlos. Hier gilt das gleiche Gesetz, welches aus der Sozialpsychologie bekannt ist: Reduktion von Furcht begründet ein Bedürfnis nach Kontakt. Unsere Vorfahren, die Jäger und Sammler, lebten vermutlich in ähnlichen Strukturen wie viele Herdentiere. Auch aktuell gibt es menschliche Gruppen, die sich so organisiert haben, wie zum Beispiel einige Banden und Familienclans. Alexander Mitscherlich schreibt dazu: »Ursprünglich war die Sozialnorm der

Menschen die der geschlossenen und exklusiven Gruppe, der Horde oder des Stammes«[39]. Die Horde, Sippe und der Stamm sind in den Grundzügen wie eine Herde organisiert. Hofstätter[40] beschreibt ebenfalls ähnliche Formen. Nach seiner Auffassung soll sie aber selten vorkommen. Er meint, der Mensch habe jeder Gruppe gegenüber ein gewisses Maß an Freiheit und könne in mehreren Gruppen gleichzeitig sein. Deshalb solle sich der Mensch grundsätzlich von der tierischen Herde unterscheiden.[41] Diese Unterschiede wird niemand abstreiten wollen, wir gehen noch darauf ein. Trotzdem sind die alten tierischen Verhaltenskompetenzen vorhanden. Wir kennen beispielsweise den menschlichen Herdentrieb nicht nur vom Büffet oder bei Massenveranstaltungen. Wir tun etwas, was die Gruppe vormacht, ohne eigenen Entschluss. Diese Mitläuferschaft erstreckt sich nicht nur auf den Weg, sondern auch auf die Motivation und das Verhalten. Es werden manchmal wider besseren Wissens Handlungen nach- und mitgemacht, die man eigentlich nicht vorhatte. Was eine Gruppe bei entsprechendem Klima, bei starker Dynamik und entsprechender Identifikation vormacht, zwingt in einem gewissen Sinne zum Mitmachen: Diffusion der Verantwortung nennt man das! In der Natur stellen sich viele unbestreitbare Vorteile für die Lebensbewältigung und damit auch für die natürliche Selektion ein. Feinde oder Gruppenfremde werden jetzt sofort erkannt und mit der entsprechenden Vorsicht behandelt oder gezielter be-

---

[39] Alexander Mitscherlich: Massenpsychologie ohne Ressentiment, Frankfurt a. M 1972, S. 178
[40] Peter Robert Hofstätter: Gruppendynamik, S. 25
[41] Ebenda, S. 21

kämpft. Das macht diese Form auch für Banden und kriminelle Vereinigungen attraktiv.

Anna erinnert sich an viele Beispiele aus der Arbeitszeit als Sozialarbeiterin. Da waren die Gruppen von Jugendlichen, die aus dem Peer-Group-Verhalten häufig zu solchen Herdenstrukturen übergingen. Meist waren es Jungen in den letzten Jahren aber vermehrt auch Mädchengruppen. Besonders krass war es damals bei zwei rivalisierenden Rockerbanden, da passte es genau. Für die Mitglieder bestand dadurch die Möglichkeit, ruhiger und sicherer zu agieren, da sie ja spüren, woran sie waren. Untereinander war vermutlich Angst deutlich reduziert. Sie erinnert sich auch an Beispiele aus ihrer alten Firma und denkt: „Wenn ich das gewusst hätte, hätte ich vermutlich einiges anders machen können. Vor allem hätte ich mich nicht ärgern müssen." Sie liest neugierig in verschiedenen Unterlagen.

Es bleibt festzuhalten, dass alle Menschen diese Regeln kennen und verinnerlicht haben. Kommen sie in solche Gruppen, wissen sie automatisch „was die Stunde geschlagen hat". Mit zunehmender Kompetenz der Lebewesen verfeinern sich auch die sozialen Formen. Jetzt werden bestimmte Aufgaben von verschiedenen Mitgliedern ausgeübt. Es entsteht eine Art Arbeitsteilung. Die Herde differenziert sich. Es ist nicht ungewöhnlich, dass Rehe z.B. beim Äsen jeweils nur eine Seite der Lichtung bewachen. Jagende Lebewesen treiben mögliche Opfer vor sich her, weil ein anderer Teil der Gruppe auf sie wartet. So entstehen differenzierte Herdenstrukturen. Auch das kennen wir Menschen. Diese Strukturen haben eine auffällige

Ähnlichkeit mit den Vereinsordnungen und den meisten Organigrammen der Firmen und Behörden. Obwohl wir viel schlauer als Rehe sind, machen wir es ähnlich. Konrad Lorenz geht in der Entwicklung des Menschen sehr weit zurück und deutet Ähnliches an, indem er schreibt: „Im Zustande der ältesten Jäger- und Sammlergruppe ist die Organisation der menschlichen Gesellschaft nicht viel komplizierter als etwa die eines Wolfsrudels, einer Schimpansenhorde oder einer Schulklasse."[42] Erich Fromm untersuchte die Gesellschaftsformen in Bezug zu jüngerer Geschichte und stellte ebenfalls eine angepasste Beziehung zum System Herde her: „An Stelle der alten präindividualistischen Clan-Identität entwickelte sich eine neue Herdengleichheit, bei der das Identitätsgefühl auf der Gewissheit und Fraglosigkeit der Zugehörigkeit zur Menge beruhte.[43]"

Sind Lebewesen in der Lage, fünf bis zehn Artgenossen wiederzuerkennen und zu identifizieren, so fangen sie an, Rangreihen zu bilden. Sie wissen genau, wer einen höheren Rang hat. Streit gibt es nur in Rangnähe und das auch sehr selten. Es genügt eine Drohung, um klarzumachen, wer höher steht. Je höher der Rang, um den gekämpft werden soll, desto größer die Wahrscheinlichkeit einer Auseinandersetzung. Attraktivität des Ranges korreliert positiv mit der Streitneigung. Aggressionen werden allerdings nicht ausgeübt, sondern mit

---

[42] Konrad Lorenz: Der Abbau des Menschlichen, München 1983, S. 151.
[43] Erich Fromm: Der moderne Mensch und seine Zukunft, S. 59

Drohungen und Imponiergehabe, mit Zurechtweisen im Zaum gehalten. Zu ähnlichen Ergebnissen kam schon Whittemore 1925. In Wettkampfversuchen konnten die Teilnehmer ihre Partner frei wählen. Der Vergleich der eigenen Leistungsfähigkeit und das Vertreten der eigenen Meinung locken nur da, wo sich die Unterschiede zwischen den Partnern in engen Grenzen halten. Das kennen wir von Diskussionen. Diese spontanen Beurteilungen und Bezüge zum Nebenmann werden wie selbstverständlich durchgeführt und treten regelmäßig auf, die eigene Leistung wird automatisch mit der vermuteten des Gegenübers in Beziehung gesetzt. Auch diese Grundverhaltensweisen beherrschen wir Menschen perfekt. In dieser Form leben neben den Menschen die Haushühner und auch die Primaten. *Sollten wir nicht mehr können als Primaten? Müssen wir uns verhalten wie Affe eins oder zehn?* Bei den Primaten geht es natürlich nur um Futter oder Fortpflanzung. Wir Menschen können dagegen jede beliebige Rangreihe bilden oder uns einbilden. Zumindest machen wir davon jeden Tag Gebrauch.

Je umfangreicher die Fähigkeiten entwickelt sind, umso größer sind die Möglichkeiten, sozial zu agieren und zu funktionieren. Das bedeutet, wir Menschen könnten durchaus von unseren besseren Fähigkeiten Gebrauch machen und andere, *menschengerechtere* Formen erproben und optimieren. Aber tun wir das? Überprüfen wir zunächst den Nutzen. Rangordnungen schützen die Schwächeren, ordnen das Verhalten und vermeiden unnötige Aggressionen und Stressbelastungen. Bei den Tieren funktioniert das sehr gut. Es regelt aber grob gesagt auch im Wesentlichen nur zwei Bereiche: Futter und Sexualität, also im übertragenen Sinne die Genfitness. Wir Menschen betreiben sehr viel mehr Aufwand. Wir erfinden ständig neue Rangreihen. Wer hat das größte Auto? Wer kann sich am meisten kaufen? Wer ist der Beste im Unterricht, im Sport, in der Disco? Wer hat die meisten Freunde bei facebook oder sieht besser aus usw.? Es ist leider für die meisten Menschen so, dass sie nicht „Affe eins" sein können. Das kann nur eine Person von sich behaupten, und das stimmt dann häufig noch nicht einmal (bis auf sein Verhalten). Wir benötigen aber für die Gesunderhaltung unseres Selbstwertsystems dringend „Streicheleinheiten" und Wertschätzung. Es liegt deshalb nahe, auf einem anderen Gebiet die erste Geige spielen zu wollen. Es entsteht eine Art Zwang, sich nach anderen, neuen Gebieten umzusehen. Notfalls reden wir uns ein, wir seien in diesem oder jenem Bereich weit vorn. Dieser Wunsch, dieses Motiv lässt erst bei einer relativ guten Befriedigung des Selbstwertes nach. Man kann etwas vereinfacht sagen, je geringer das Selbstwertgefühl, desto mehr Energie wird in solch ein animalisches System investiert. Helfen könnte Bewusstseinsfähigkeit und die Möglichkeit, Ich-Stärke, Selbstsicherheit und Bewusstheit zu erlangen. Beide Fähigkeiten fordern aber von der Person, besser von der psychosomatischen Ganzheit des Menschen, einen außerordentlichen Tribut. Sie fordern die Einsicht, zwar einmalig, aber nicht optimal, zumindest nicht auf allen erwünschten Gebieten, zu sein. Die Voraussetzung für psychische Gesundheit, eine positive Sicht der eigenen Person zu haben, ist gefährdet.

Anna erinnert sich an viele Beispiele, auch daran, welche Bedeutung früher Kleidung und die Meinung der anderen für sie hatte. Sie denkt traurig daran, wie viel Bedeutung Kleidung, das neuste Handy und der persönliche Marktwert für viele Jungendliche zurzeit hat. Gesund ist das nicht. Heute sind bei ihr selbst nur noch kleine Reste aktiv, aber schon mit viel Gelassenheit verbunden. Natürlich sorgt sie noch immer für ein attraktives Aussehen und eine überlegte Kleiderwahl. Auch denkt sie dabei häufig daran, für wen sie das jetzt gerade macht. Das ist nur schwer zu erkennen. Das Nachdenken darüber verursacht aber einen schönen Nebeneffekt. Alles erscheint sehr viel weniger wichtig und mit viel Freiheit verbunden. Es bleibt aber sehr schwierig, ihr eigenes Verhalten zu beobachten und den jeweiligen echten Motiven zuzuordnen. Sie vermutet, dass ein großer Teil des Alltagsverhaltens der Menschen unbemerkt von diesen alten „Regeln" beeinflusst wird. Sie findet ihre Meinung bestätigt, als sie folgendes liest:

Sich mit diesen Hintergründen konstruktiv auseinander zu setzen, ist unangenehm und belastend, weil es kurzfristig nur das Negative in den Vordergrund holt. Es ist deshalb um ein Vielfaches leichter, auf *irgendeinem* Gebiet, zur Not auf einem neuen oder erfundenen, eine tolle Position einzunehmen, als sich mit den alten, unmöglichen und schwierigen Bereichen zu beschäftigen. Daraus lassen sich einige Punkte ableiten.

1. Der Mensch hat die Neigung, neue und andere Rangordnungen zusätzlich zu begründen und auszuleben, und zwar in umgekehrter Abhängig-

keit vom Konsolidierungsgrad und der Qualität seines Selbstwertsystems.

2. Darüber hinaus muss man angesichts unseres modernen Lebens einsehen, dass der Mensch häufig keine freie Wahl hat, dass er in vielen verschiedenen Gruppen leben muss. Er pflegt beispielsweise die Gruppe auf der Arbeitsstelle, in seinem Verein, in seiner Familie und bildet selbst im nachbarlichen Kontext eine Position innerhalb der Rangordnung. Es ist sogar möglich, in einer Gruppe verschiedene Rangordnungen zu bilden. Ein Klassenverband hat sogar regelmäßig in fast jedem einzelnen Fach eine gesonderte Rangreihe (bei ausreichender Leistungsrückmeldung), oder er agiert innerhalb von Herdenprinzipien.

3. Der Mensch ist das einzige Lebewesen, dass sich einbilden kann, es sei „Affe eins", obwohl alle genau wissen, dass eher etwas anderes stimmt.

4. Ein weiterer Unterschied zum Tierreich besteht in der geübten Praxis, sich in verschieden Arten von sozialen Systemen einzurichten. Betrachten wir Frau X in einem von ihr bewohnten Altenheim. Die erste Gruppe, die sich erkennen lässt, ist die der Mitbewohner. Frau X weiß sogar, um wie viele Personen es sich handelt. Alle kennen sich gegenseitig. Jeder weiß: Ich gehöre in dieses Heim, und all die anderen gehören auch hierher. Jeder Heimbewohner nimmt sich selbst als Individuum wahr. Gleichzeitig ist ihm aber auch bewusst, zu dieser Gruppe zu gehören und dazu gezählt zu werden. Diese Identität stützt sich auf das gegenseitige Sehen und Gesehen werden. Diese Blick-

kontakte und der Bekanntheitsgrad schaffen eine Beziehung, die mit der Sozialform *Anonyme Schar* vergleichbar ist. Man muss dieses Blickaustauschen, Grüßen, Wiedererkennen und Lächeln als soziale Interaktion verstehen. In diesem Sinne kommunizieren alle Lebewesen in einer *anonymen Schar* miteinander. Sie sehen sich an und wissen, dass die Gruppe gegenwärtig ist. Ein Sicherheits- und Geborgenheitsgefühl macht sich breit, was, wie wir wissen, unzählige psychische und physische Vorteile hat (wir sind gesünder, leben länger und so weiter).

Allerdings kennt Frau X einige Bewohner des Altenheimes mit Namen und erkennt sie als Persönlichkeit. Sie reagiert individuell auf die Einzelnen und wartet auf Reaktionen. Die jetzt auftretenden Interaktionsprozesse begründen eine andere und neue Form. Die Heimleiterin und die Pfleger, das Bedienungspersonal, der Koch und die Putzfrauen bilden mit den anderen Bekannten eine differenzierte Herdenstruktur. Spezielle Aufgaben- und Rollenverteilung gliedern automatisch eine Art Rangsystem. Leitung, Verwaltungsfunktion und Pflegerolle und auf der anderen Seite die größere Gruppe der Gepflegten werden wechselseitig verschieden gesehen, bewertet und behandelt. Darüber hinaus hat sich Frau X auch mit drei anderen Frauen eng angefreundet, sie unternehmen die meisten Dinge gemeinsam, sitzen zusammen und sprechen miteinander. Jede kennt die Besonderheiten, Stärken und Eigenarten der anderen, jede weiß woran sie ist und kann über Besonderheiten und Fähigkeiten der Freundin Auskunft geben.

Bei genauem Hinsehen wird man bei diesem engen sozialen Kontakt feststellen, dass nicht jeder Beitrag gleiches Gewicht in dieser Gruppe hat. Meist schließt sich die Gruppe nach einigem Zögern der Meinung von Frau Y an. In Modefragen wird ohne jeden Zweifel die ehemalige Geschäftsführerin eines Modegeschäftes, Frau O, um Rat gefragt. Es bestehen mehrgliederige Rangreihen, die sich zwar verändern können, aber an sich sehr rigide sind.
So oder ähnlich wie Frau X geht es den meisten Menschen. Es gibt zum Beispiel auch in der Arbeitswelt Gruppenformen, die sehr unterschiedlich sind und auch so unterschiedlich bearbeitet werden müssten, es gelten nämlich immer andere Regeln. Wir berücksichtigen das aber nicht. Wir beurteilen Menschen individuell (Rangordnung), schreiben innerlich Zeugnisse, führen sie als Herde und verwalten sie als differenziertes Herdensystem, aber erzählen bei jeder Gelegenheit, dass im Team gearbeitet wird und man teamfähig sein sollte. Das kann so nicht funktionieren.

Anna fällt die Prügelei auf dem Schulhof ein. Damals hatte sie sich mit dem Täter näher befassen müssen. Zunächst dachten alle, er habe zu wenig Empathie, sei dissozial und habe wohlmöglich eine Störung im Bereich der Spiegelneuronen. Er hatte am frühen Morgen aber liebevoll auf seine kleine Schwester aufgepasst, sie in die Kita gebracht, sich am Abend äußerst empathisch um seine Freundin gekümmert, beim Judotraining ohne Widerstand diszipliniert bis zur Erschöpfung die autoritären Anweisungen des Trainer befolgt. Beim anschließenden Treffen seiner Clique erschien er locker und verständnisvoll, geriet anschließend mit einem Mitglied der Gruppe in einen unappetitlichen Streit und war äußerst roh und rücksichtlos. Man kann daran sehen, wir beherrschen alle sozialen Rollen. Sie liest weiter:

In diesem selbstgemachten Durcheinander verschiedener sozialer Formen treten Missverständnisse und ziellose Aggressionen von ganz allein in unkontrollierbarer Menge auf. Häufig weiß man im aktuellen Moment gar nicht, worum es geht. Trotzdem oder besser gerade deshalb gibt es immer wieder Ärger. Das Selbstwertsystem und die Gesellschaft haben damit große Probleme. Die überdurchschnittlich häufigen Aggressionen belasten nahezu alle Beziehungen.

Halten wir fest: Die natürlichen Vorteile (geringere Aggression, bessere Gesundheit, Gefühl von Sicherheit und Geborgenheit) sind damit aufgehoben und häufig ins Gegenteil verkehrt. Die Menschen nutzen ihre Einbildungs- und Fantasiekraft, um neue Ränge zu bilden. Da angesprochene Menschen und der Agierende häufig genug selbst nicht wissen, in welcher sozialen Form sie gerade agieren, zum Beispiel am Handy oder bei Facebook, und welche Regeln in diesem Moment gelten, ist alles unüberschaubar und von Frust und Missverständnis getragen. Aggressionen werden normal, weil niemand genau weiß, um welche Rangreihe es gerade geht oder ob im Moment Herdenstrukturen gelten sollen. In diesen Situationen sagen manchmal die Menschen:

„Wir sitzen doch alle in einem Boot!"

„Wir müssen doch zusammenhalten!"
„Streiten können wir uns später, lasst uns jetzt erst mal ..."
„Einer für alle, alle für einen!"

Man könnte humanitäres Gedankengut, Hilfestellung dahinter vermuten, aber auch den Wunsch, eine Gemeinschaft zu bilden ohne viele individuelle Unterschiede oder sich sicherer zu fühlen. Getragen wird dieser Wunsch von der Vorstellung der Herdenangleichung und Funktionsverbesserung. Übersetzt heißt das bei einer Rangordnungsgesellschaft: *„Lasst uns die Rangordnungssysteme verlassen und wie eine Herde funktionieren."* Für Herdensysteme bedeutet es nur eine Ermahnung, die Regeln einzuhalten. Die möglicherweise auch vorhandene Hoffnung, sich menschengerechter zu verhalten, wird ausgehöhlt, vernichtet und hat keine Chance mehr.

Kehren wir für einen Moment auf das Bild zurück, dass die sozialen Formen als eine Art Treppe dargestellt werden kann, auf dessen Stufen jeweils eine Form angesiedelt ist. So lebt der Mensch auf einer der obersten Stufen. Gleichzeitig zeigt das aber eine zwangsläufige Weiterentwicklung. Wir stehen zweifelsohne an der Schwelle zu einer neuen Form. Die Fähigkeit dazu haben wir, trotzdem tun wir sehr viel dafür, zu verharren[44] und jede Weiterentwicklung zu verhindern.

---

[44] Ausführliche Analyse und neue praktische Wege in „Glück finden", L. Röhrig, BoD, 2010

Wie geht es weiter?

differenzierte Rangordnung
zweifache Rangordnung
differenzierte Herde
eingliedrige Herde
anonyme Schar

Am Abend spricht Anna mit Hans über die neuen Gedanken. Ein paar Minuten lang befürchtet er, dass nun wieder neue Probleme auf sie zukommen. Er erkennt aber schnell, dass das im Moment nur theoretische Überlegungen sind, beteiligt sich anschließend erleichtert und intensiv. Beide sind erstaunt, wie viele zum Teil lustige oder auch entsetzliche Beispiele sie kennen. Sie sprechen angeregt über ihre Erfahrungen, lachen viel und bewegen sich langsam auf die Fragen zu: Wie wäre es besser? Was wäre für den modernen Menschen menschengerechter? Hatten sie eben noch unzählige Beispiele und Einzelheiten, so ist die Substanz jetzt dünn und schnell ausdiskutiert. Beide versprechen, sich in den nächsten Tagen Gedanken darüber zu machen und in einigen Tagen erneut darüber zu sprechen.
Hans findet das Thema sehr interessant, Anna macht sich Gedanken, und wie immer sucht sie Hinweise und Quellen. Sie stellt fest, darüber gibt es sehr wenig. Die meisten Quellen bestätigen nur, dass es so nicht mehr lange weiter gehen kann. Diese Hinweise gibt es in großen Mengen von den verschiedensten Seiten. Die meisten beschäftigen sich mit Umwelt und Schulden. Über die Qualität der Gesellschaft selbst etwas zu finden, ist schwieriger. Anna greift

zunächst auf große Namen zurück[45] und liest schwierigere Texte. Nach einigen Versuchen gefällt es ihr sogar. Die Analysen sind intensiv, anspruchsvoll und tiefgründig und es fehlen erfreulicherweise Polemik und Politik. Vorschläge für die Zukunft sind allerdings auch hier selten. Als erstes findet sie einen fruchtbaren Hinweis bei einem empirischen Forscher.

Betrachten wir den Menschen und höher entwickelte Lebewesen, die ebenfalls in Rangordnungen zu leben, wie beispielsweise die Schimpansen, so fällt eine Besonderheit auf. Häufig kommt es vor, dass einige von ihnen individuellen Fähigkeiten her nicht oder nur schwer in der Lage sind, den sozialen Anforderungen zu entsprechen. Andere dagegen sind von der Natur so ausgezeichnet bedient worden, dass sie auch zu Höherem berufen sein könnten. Diese Parallelität ist für eine Normalverteilung typisch. Es gibt ähnlich viele Menschen, die zehn Zentimeter größer als der Durchschnitt ist, wie Menschen, die zehn Zentimeter kleiner sind. Von einer solchen Verteilungsausprägung spricht man, wenn zu beiden Seiten des Mittelwertes gleich viele Daten anzutreffen sind und die Form einer Glockenkurve entsteht. Das trifft mit hoher Wahrscheinlichkeit auch für die Fähigkeit zu, in einer bestimmten sozialen Form zu interagieren. Das heißt, es wird Menschen geben, die von ihren Fähigkeiten her nicht in der Lage sind, in unserer Rangordnungsgesellschaft zu le-

---

[45] Marx, Heidegger, Fromm, Mitscherlich, Marcuse, Horkheimer et al, Neues z.B.: Maaz: Die narzisstische Gesellschaft, Schmidt –Salomon, Hoffnung Mensch u. A.

ben und andere, die bereits neue Formen erproben[46]. Der entscheidende Unterschied zu den Tieren und ihren sozialen Strukturen besteht darin, dass es nicht nur die intellektuellen Fähigkeiten allein sind, die es einem Menschen unmöglich machen, rangordnungsmäßig zu funktionieren. Vielfältige andere Faktoren kommen hinzu, wie zum Beispiel fehlende wirtschaftliche Mittel, ungeeignete Motivation, eine inkompatible Ideologie, Politik und so weiter. Außerdem kann nur der Mensch relativ unkompliziert in seinem »Ausgestoßen-sein« mit anderen »Leidensgenossen« der Gesellschaft eine andere niedrigere Gruppenform finden, die dann nach anderen Regeln funktioniert, z.B. manche Rocker, Banden oder Hooligans. Diese Menschen können sich nur einer Sache sicher sein, dass die „richtige" Gesellschaft sie mit sozialisierender Feindseligkeit betrachtet und bereit ist, notfalls auch Gewalt anzuwenden.

Annas Bedenken, dass die Gesellschaft sich nicht mehr weiterentwickelt, lösen sich langsam auf. Es gibt also die hoffnungsfrohe und gute Nachricht: Die Menschen werden ihr Zusammenleben verändern. Es wird in der Zukunft eine neue soziale Struktur geben. Die unsichere und schlechtere Nachricht heißt: Wir wissen nicht wann und in welcher Ausprägung und Qualität.
„Möglicherweise wird das zu viel Zeit benötigen", denkt Anna, „und wir haben uns schon selbst eliminiert oder der Planet hat sich vom homo sapiens befreit. Wie auch immer, es wird Zeit, etwas zu tun!"

---

[46] Verschiedene Gesellschaften sind seit Jahrzehnten bekannt, siehe z.B. Erich Fromm: Anatomie der menschlichen Destruktivität, S. 191, 1977

Wie könnte eine solche Gesellschaft aussehen?
Was weiß man darüber?
Was müssen die Menschen dazulernen?
Wie kann man den Prozess beschleunigen oder fördern?
Was hindert uns daran, sofort anzufangen?

Folgen wir der Theorie der Normalverteilung, so würde das bedeuten, dass die Mehrheit der Menschen nach Rangordnungsregeln lebten, aber auch, dass es neben dieser Gruppe, auch Menschen gibt, die nicht ausreichend in der Lage sind, in dieser Form zu leben. Es müssen gleichzeitig auch ähnlich viele Menschen existieren, die genügend Fähigkeiten haben, die »normale« Form zu verlassen und eine neue menschengerechtere und vor allem nützlichere zu suchen oder individuell zu ändern oder das schon lange gemacht haben. Das heißt, bei den gebotenen Möglichkeiten der modernen Industriegesellschaft müssten einige ihr Leben anders, progressiver, schon nach einer neuen Art organisiert haben. Weil Verhalten und Haltung Erklärung verlangen, werden sie die dazu passenden Kognitionen entwickelt haben und bei allen Schwierigkeiten in einer Art Vorstufe zu einer neuen Gesellschaftsform leben. Solche Menschen könnten in der Art, wie sie ihr Leben gestalten, Indizien für eine neue Richtung aufzeigen und möglicherweise auch prinzipiell weiterhelfen. Gibt es schon Beweise für eine solche Existenz oder für ein verändertes Verhalten?
Anna beginnt zu suchen. Sie stößt zunächst auf eine relativ neue Humanismus-Idee[47], eine Ethik die mo-

---

[47] Julian Huxley: *Der evolutionäre Humanismus,* Beck, München 1964 auch der Dalai Lama in seinem aktuellen

ralisches Handeln evolutionär einschließt. Die neue Idee geht davon aus, dass sich im weiteren Verlauf der Menschheitsgeschichte Ethik und Moral als wichtige vernunftbasierte Einflussgrößen herausbilden und dass sowohl mit als auch ohne Religionen ein Transformationsprozess stattfinden wird. Die Menschen werden sich deshalb gegen Dogmen, die als unumstößlich gelten und alte Paradigmen wenden und eine humane, naturalistische Weltanschauung pflegen.

Anna findet zusätzliche Bücher, die die Gesellschaft kritisch sehen und Ideen für die Zukunft beschreiben. Sie alle zielen in die gesuchte Richtung, behandeln aber immer nur einzelne Gesichtspunkte. Ihr wird dabei aber immer deutlicher, dass die Kräfte, die alles so lassen wollen, vermutlich viel stärker und unendlich viel mächtiger sind als die Mahner und Bedenkenträger[48]. Genau die, die ändern könnten, beziehen ihre Macht und ihre Gewinne aus dem Verharren in dieser Entwicklungsstufe. Warum sollten sie das also ändern?
Ein kompletter Gesellschaftsentwurf ist leider in keinem der Bücher beschrieben, aber viele Forderungen an Politik, Wirtschaft, Gesellschaft, an jedes Individuum sowie viele Ideen[49]. Die Notwendigkeit und das Bedürfnis sind also bereits erkannt und damit vorhanden. Manche schwärmen schon von idealen, menschengerechteren Formen[50]. Wie immer,

---

Wirken ab 2012 und Schmidt-Salomon, Hoffnung Mensch, 2014
[48] Michael Schmidt-Salomon, Hoffnung Mensch, 2014
[49] Ruth Benedict, Margaret Mead, Irving Goldmann, Ruth Bunzel, Erich Fromm et al
[50] Alfred Adler, Der Sinn des Lebens, S. 71, 1973

wenn man etwas erkannt hat, sieht man viel mehr. An allen Ecken zeigen sich Indizien. Insbesondere kristallisiert sich immer mehr heraus, welche Kompetenzen die Menschen für eine menschengerechtere Form mitbringen müssten.

Die meisten Verhaltenstrainer und auch Therapeuten wissen und erfahren regelmäßig, dass für Persönlichkeitswachstum und Gesundheit bestimmte Bedingungen bestehen müssen, die vermutlich auch hier eine große Bedeutung haben werden. Es sind:
der Personengleichheitswert (nicht die Gleichheit),
die Achtung der Integrität des anderen und
die Zuwendung, Annahme und Akzeptanz des anderen[51]
und eine weniger egozentrische und gewaltreiche Kommunikation.

Anna denkt an ihre besondere Seminarerfahrung. Dort war es doch auch gelungen, durch Akzeptanz und Bewertungsreduktion eine Angst- und Blamagefreiheit und ein völlig neues Sozialverhalten auftreten zu lassen und das in sehr kurzer Zeit. Diejenigen, die es einmal erleben durften, waren von diesen neuen Möglichkeiten tief beeindruckt. Möglicherweise liegt hier die Richtung oder ein Beispiel für allgemein menschengerechtes Sozialverhalten. Gleichzeitig ist ihr aber klar, dass die Menschen zum Gelingen noch einiges dazulernen müssen. Sie erinnert sich daran, wie durch die monatelangen Bemühungen, nicht mehr zu bewerten, ihre Haltung sich anderen Menschen gegenüber grundsätzlich

---

[51] Überlegungen bei Erich Fromm: *Der neue Mensch*, S. 173, 183–185,

und krass verändert hat, wie Gegensätze zusammenfielen, wie sich alles auf die Bedürfnisebene reduzieren ließ und etwas sehr Erstaunliches eintrat: Es gab plötzlich keine Feinde mehr im klassischen Sinne, nur Bedürftige innerhalb der Harmonie der Natur und der Ganzheitlichkeit des Kosmos. Damit wäre es eigentlich geschafft. Keine Kriege mehr, kein Hass, keine Ausbeutung und Unterdrückung. So könnte eine menschengerechtere Gesellschaft aussehen. Wie kann das aber funktionieren, dass die Menschen mitmachen?
Für Anna steht fest: Es wird eine neue Form geben! In den folgenden Monaten findet sie erfreulicherweise noch viele weitere brauchbare Hinweise und ähnliche Auffassungen, zum Beispiel:

„Die Entwicklungslinien sind durch die verfolgbare Geschichte der Menschheit hindurch als Konstanten erkennbar, dass sie in geometrischer Progression anwächst, dass aber der Anteil des Ichs[52] am seelischen Geschehen nur sehr viel langsamer wächst." Folgen wir diesem Gedanken des zwangsläufigen Zuwachses, so könnte die Zeit reif sein für einen solchen Schritt in eine neue soziale Form. Die intellektuellen Fähigkeiten besitzen wir lange dafür. Sorgen wir also für Ich-Stärke auch gegen die vielen Widerstände.[53]

Für eine menschengerechtere Gesellschaft wird es erforderlich sein, nicht die Menschen an und für sich, sondern nur ihre Haltungen und Kompeten-

---

[52] Alexander Mitscherlich: *Auf dem Weg zur vaterlosen Gesellschaft*, S. 139
[53] Umfangreiche Möglichkeiten und Beispiele bei L. Röhrig, *Glück finden*, 2010

zen zu verändern[54] und z.b. die Kommunikation gewaltfreier und unmissverständlicher auszurichten[55]. *„ [...] die empirische Prüfung aller Daten zeigt, dass eine reale Möglichkeit besteht, in absehbarer Zeit eine solche Welt aufzubauen, wenn es gelingt, die politischen und psychologischen Hindernisse zu beseitigen."*[56] Da wir auch die Art, wie wir produzieren, nicht von der Art trennen können, wie wir leben, konsumieren und Politik betreiben, wird auch auf diesem Gebiet einiges zu verändern sein. Alles schneller und immer mehr davon haben zu wollen, ruiniert uns. Wie lange soll das noch gehen?

Neben der schon gut gesicherten Erkenntnis, dass die menschliche Psyche das ohne Schaden nicht hinnimmt, ist auch ein Dilemma zu bedenken: Ohne regelmäßiges Wirtschaftswachstum sind wir ruiniert, weil nichts mehr nachhaltig finanziert werden kann und auch unbedingt erforderliche Veränderungen, wie die Beseitigung des Hungers auf der Welt, nicht erreicht werden können. Wir benötigen deshalb ständig Wachstum, um auch nur eine kleine Chance zu haben, die automatisch entstehenden Schulden bezahlen zu können. Gleichzeitig werden wir aber unseren Planeten vergiften und plündern. Wenn alle den Lebensstandard haben wollen, den wir jetzt als selbstverständlich erachten, benötigten wir schon jetzt drei Erden, um sie zu plündern.

---

[54] Zusatzinformation: Gluecksfinder.jimdo.com
[55] Marshall B. Rosenberg: *Gewaltfreie Kommunikation*, Paderborn 2001
[56] Erich Fromm: *Anatomie der menschlichen Destruktivität*, S. 487, 1977

Die noch größere Gefahr wird allerdings darin liegen, dass die Schere zwischen arm und reich noch schneller auseinandergeht, nicht nur in Europa, sondern weltweit. Der soziale Frieden ist aufs Äußerste gefährdet. Die Armen werden flüchten, zu uns Reichen kommen und – sehr berechtigt – mehr Verteilungsgerechtigkeit einfordern. Wenn wir nicht vernünftig werden, werden nicht nur große Teile des Festlandes überflutet, sondern auch Millionen von Menschen auf die Suche nach besseren Lebensmöglichkeiten gehen. Die vielen Erfahrungen aus der Geschichte zeigen eigentlich, dass es so ungerecht und unvernünftig nicht weitergehen kann. Hier entsteht eine Gewaltquelle größeren Ausmaßes. Es ist absolut an der Zeit, irgendwo anzufangen. Warum nicht bei eigenem Verhalten und bei den sozialen Strukturen, die wir wirklich beeinflussen können oder bei unseren Familien und Kindern?

Anna ist völlig einverstanden, betroffen und bewegt, als sie z.B. erkennt, dass Huxley seine damals noch sehr störenden Ideen direkt nach dem Weltkrieg und angesichts des eigenen Leids und der unvorstellbaren Gräueltaten verfasst hatte. Was für ein starker Glaube an das Gute im Menschen muss dort vorhanden gewesen sein!
Sie stößt auch auf ein Buch von Erich Fromm, das in der gleichen Zeit entstanden ist, und kann sich auch hierbei nicht vorstellen, wie ein verfolgter Jude ohne Hass und Rachegedanken so etwas Versöhnendes schreiben konnte. Mehrmals treten ihr die Tränen in die Augen, und sie muss Lesepausen einlegen. Welch eine unerschütterliche Hoffnung müssen beide ge-

teilt haben![57]. *Das enthaltene humanistische Glaubensbekenntnis verschlägt ihr nicht nur die Sprache, sie muss auch mehrere Tage lang alles noch einmal überdenken und nachlesen. Sie macht große Fotokopien, hängt sie in ihr Büro und auch Zuhause in ihr Arbeitszimmer. Häufig steht sie davor, nickt oder schüttelt den Kopf, nicht weil sie etwas anzweifelt, sondern aus ungläubiger Verwunderung über so viel Klarheit und Weitsicht. Besonders einige Punkte treten in ihrem Denken immer wieder in den Vordergrund, obwohl sie jedes Mal glaubt, alle gleich gut finden zu müssen und eine Auswahl falsch sei. Sie markiert trotzdem einige Punkte mit gelbem Textmarker:*

„Ich glaube, dass sich die Einheit des Menschen aus der Tatsache ergibt, dass der Mensch ein sich seiner selbst bewusstes Lebewesen ist. Darin unterscheidet er sich von anderen Lebewesen. Der Mensch ist sich seiner selbst bewusst: seiner Zukunft (das heißt der Tatsache, dass er sterben muss), seiner Kleinheit und seiner Ohnmacht; er nimmt die anderen als andere wahr; er lebt in der Natur und ist ihren Gesetzen unterworfen, auch wenn er sie mit seinem Denken übersteigt.

Ich glaube, dass der Mensch grundsätzlich die Wahl hat zwischen Leben und Tod, zwischen Kreativität und destruktiver Gewalt, zwischen Wirklichkeitssinn und Illusion, zwischen Objektivität und Intoleranz, zwischen brüderlicher Unabhängigkeit und einer Bezogenheit auf Grund von Über- und Unterordnung.

---

[57] Erich Fromm, *Jenseits der Illusionen*, 1965

Ich glaube, dass die Liebe sozusagen der "Hauptschlüssel" ist, mit dem sich die Tore zum Wachstum des Menschen öffnen lassen. Ich meine damit Liebe zu und Eins sein mit jemand anderem oder etwas außerhalb von mir selbst, wobei das Eins sein besagt, dass man sich auf andere bezieht und sich mit anderen eins fühlt, ohne damit sein Gespür für die eigene Integrität und Unabhängigkeit einschränken zu müssen. Liebe ist eine produktive Orientierung, zu deren Wesen es gehört, dass folgende Merkmale gleichzeitig vorhanden sind: Man muss sich für das, womit man eins werden will, interessieren, sich für es verantwortlich fühlen, es achten und es verstehen.

Ich glaube, dass die Praxis der Liebe das menschlichste Tun ist, das den Menschen ganz zum Menschen macht und ihm zur Freude am Leben gegeben ist. Für diese Praxis der Liebe gilt aber - wie für die Vernunftfähigkeit: Sie ist sinnlos, wenn sie nur halbherzig vollzogen wird.

Ich glaube, dass der Mensch die Gleichheit aller Menschen spüren kann, wenn er sich ganz und gar zu erkennen versucht und dabei merkt, dass er den anderen gleicht und er sich mit ihnen identifiziert. Jeder einzelne Mensch trägt die Menschheit in sich. Die conditio humana ist eine und dieselbe für alle Menschen, trotz der unübersehbaren Unterschiede bezüglich Intelligenz, Begabung, Körpergröße, Hautfarbe usw.
...
Ich glaube, dass der Einzelne so lange nicht mit seiner Menschheit in sich in engen Kontakt kom-

men kann, solange er sich nicht anschickt, seine Gesellschaft zu transzendieren und zu erkennen, in welcher Weise diese die Entwicklung seiner menschlichen Potentiale fördert oder hemmt. Kommen ihm die Tabus, Restriktionen, entstellten Werte ganz "natürlich" vor, dann ist dies ein deutlicher Hinweis darauf, dass er keine wirkliche Kenntnis der menschlichen Natur hat.

…

Ich glaube, dass die Gesellschaft in ihrer stimulierenden und zugleich hemmenden Funktion schon immer in Konflikt mit dem Menschsein ist. Erst wenn der Zweck der Gesellschaft mit der des Menschseins identisch ist, wird die Gesellschaft aufhören, den Menschen zu lähmen und sein Streben nach Herrschaft zu beflügeln.

…

Ich glaube, dass man auf eine gesunde und vernünftige Gesellschaft hoffen kann und muss. Eine solche Gesellschaft fördert die Fähigkeit des Menschen zur Nächstenliebe, zur Arbeit und zum Gestalten, zur Entwicklung seiner Vernunft und zu einer objektiv richtigen Selbstwahrnehmung, die in der Erfahrung seiner produktiven Energie gründet.

…

Ich glaube, dass in dem Maße, in dem unsere Welt verrückt und unmenschlich zu werden scheint, eine immer größere Zahl von Menschen die Notwendigkeit spürt, sich zusammenzutun, und mit Menschen zusammenzuarbeiten, die ihre Sorgen teilen.

Ich glaube, dass die Verwirklichung einer Welt möglich ist, in der der Mensch viel sein kann, selbst wenn er wenig hat; in der der vorherrschende Beweggrund seines Lebens nicht das Konsumieren ist; in der der Mensch das erste und das letzte Ziel ist; in der der Mensch den Weg finden kann, seinem Leben einen Sinn zu geben, und die Stärke, frei und illusionslos zu leben.[58]

Anna ist begeistert und findet noch viele Quellen, die Ähnliches ausdrücken, z.B. die Buchinhalte des Dalai Lama. Ihr wird immer mehr bewusst, dass es wirklich so etwas gibt wie eine Bewegung in eine menschengerechtere Zukunft. Das erfreut sie sehr und verbessert ihre Befindlichkeit weiterhin. Ihre Hoffnung wird immer mehr genährt von aktuellen Büchern, die eine ähnliche Blickrichtung haben[59].
Da sie bisher viel mit Fortbildung zu tun hatte, macht sie sich daran, über Seminare, Vorträge und andere Möglichkeiten nachzudenken. Ihr ist klar, dass die typischen Formen des „Besserwissens", des Appellierens, des Lernangebotes nicht ausreichen würden. Die Menschen haben alle ihre eigenen Erfahrungen gemacht und daraus Einstellungen und Haltungen zum Leben entwickelt. Sie handeln genau danach und nicht nach neuen, erwünschten Ideen, selbst dann nicht, wenn sie von der Richtigkeit des Neuen überzeugt sind. Sie weiß, es kann nur dadurch gelingen, sie einzuladen, andere Erfahrungen zu machen, ihnen Mut zu machen und sie zu unterstützen, sie letztlich zu inspirieren und neugierig zu machen.
„Aber das mach mal!", denkt sie leicht verzweifelt: „Es geht nur leicht, Suchenden etwas zu zeigen. Je-

---

[58] Einzelheiten aus umfangreicherem: Glaubens-Bekenntnis (1965)
[59] Z.B. Michael Schmidt-Salomon, *Hoffnung Mensch*, 2014 oder schon L. Feuerbach um 1865

mandem, der nichts sucht, kann man nichts zeigen, und der wird auch nichts finden."
Sie nimmt sich vor, genau aufzupassen, jede Gelegenheit zu nutzen und vor allem bei Kindern anzufangen, die noch nicht so starre Einstellungen festgelegt haben. Dabei fallen ihr ihre Enkelkinder ein. Sie nimmt sich vor, in den nächsten Wochen mit ihnen zu sprechen.

Anna ist an einem Punkt ihres Lebens angekommen, an dem sie immer häufiger wünscht, sie hätte noch unbegrenzt Zeit, Bücher und Abhandlungen zu lesen, vielleicht auch zu schreiben, Projekte zu starten und langfristig zu betreuen. Sie weiß aber, spürt auch, dass sie nur noch Begrenztes anfassen sollte. Insbesondere wünscht sie sich sehr, etwas für ihre Enkelkinder tun zu können. Gerne möchte sie ihnen etwas von ihren vielen Erfahrungen mitgeben. Doch das ist nicht so einfach. Sie hat schon oft erfahren müssen, dass die Weitergabe von Lebenserfahrung nicht auf offene Ohren und Herzen trifft. Die jungen Leute wollen ihre eigenen Erfahrungen machen und nicht die von Oma wiederholen. Weisheiten wollen sie nicht hören, Ratschläge ebenso wenig. Mit Problemen kommen sie auch nicht zu ihr. Sie lösen erst einmal alles selbstständig, natürlich häufig mit Schmerzen und Irrwegen. Eigentlich ist das toll, aber sie ist auch traurig, dass sie nichts weitergeben kann. Anna spürt den starken Drang zu helfen. Sie muss sich sehr anstrengen, um hier nicht zu bewerten. Eigentlich ist Nichtbewertung bei ihr nach den vielen Jahren der Anwendung automatisiert. Bei den eigenen Enkelkindern scheint das aber offensichtlich etwas schwieriger. Die Kinder und Enkelkinder wissen oder ahnen, wie kompetent sie ist, sie achten sie sehr und finden sie sehr angenehm. Aber altes Wissen wollen sie nicht.

Es ist eigentlich alles auch so in Ordnung. Sie konzentriert sich trotzdem auf ihre Enkelkinder, setzt sich eines Tages hin und schreibt drei Briefe an ihre drei Enkel Käthe, Mara und Carlos. Sie beginnt mit dem Brief an Mara.

Liebe Mara,
du bist schlau und alt genug, um heute von einem wertvollen Geheimnis zu erfahren. Das ist so wirksam wie ein richtiges Wunder. Es macht Menschen frei, liebenswert und beendet Wut, Stress und Ärger. Das Leben verändert sich und alles wird freundlicher und menschlicher. Es gibt da nämlich einen kleinen Moment, der mehrmals am Tag vorkommt. Er ist nur wenige Sekunden lang und wird meist nicht einmal bemerkt. Er versteckt sich in Gedanken und Gefühlen. Jeder hat ihn, erkennt ihn aber nicht. Denn wir können nur das sehen und bemerken, was wir kennen. Ich möchte ihn dir verraten. Damit wirst du viele tolle Möglichkeiten haben. Du wirst dich wundern, wie sich alles verbessern lässt. Deine Freunde werden staunen und dich beneiden.
Dieser kleine Augenblick hat eine zentrale Bedeutung für die Dinge, die danach kommen, für die Zukunft, für Glück, Veränderung und persönliches Wachstum. Das ist wie eine Weiche oder eine Weggablung. Menschen, die das Geheimnis nicht kennen, sehen die zwei Möglichkeiten des Weges nicht. Für sie ist es nur eine einzige Spur, die sie ohne zögern gehen müssen. Du wirst aber ab jetzt anhalten und abwägen können: Welcher Weg ist für mich besser? Welcher hat für alle die meisten Vorteile?

Damit du das Geheimnis sehen kannst, musst du dir zunächst vorstellen, wie du siehst, hörst und spürst. Dein Auge sieht etwas, sendet das Bild an dein Gehirn. Dieses versucht, sich zu erinnern. Kenne ich das? Ist es gefährlich? Habe ich darauf schon einen Handlungsvorschlag? Mit deinem Ohr geht das genauso. Erst danach freuen oder ärgern wir uns, bekommen Angst oder Wut und können handeln. So regen wir uns auf, schimpfen oder lachen. Wir machen das so, wie wir es in unserem Gehirn festgelegt haben. Haben wir viele Dinge festgelegt, die glücklich machen und Freude auslösen, werden wir häufig glücklich sein. Haben wir aber vieles festgelegt, was gefährlich und schädlich ist, werden wir häufig Angst haben. Kann dein Gehirn gar nichts mit dem Gesendeten anfangen, weil es nichts wiedererkennt, macht es dich unsicher oder gleichgültig. Das ist auch kein schönes Gefühl. Die Menschen um dich herum kommen damit auch nicht gut zurecht. Du siehst nun, du bist es selbst. Du fühlst nur das, was du denkst. Du selbst machst dich glücklich oder traurig, machst dich wütend oder ängstlich. Du fragst dich jetzt vielleicht: „Wie soll ich das denn ändern?"Du kannst sicher sein, es geht, es wird dir gelingen. Du musst es nur wollen und diszipliniert machen. Es ist wie mit einer Zahnbürste. Sie zu kaufen bringt noch nichts. Erst wenn du sie regelmäßig benutzt, wird ein Nutzen eintreten. Also musst du genau aufpassen, was du wahrnimmst (siehst/hörst) und wie du darauf reagierst. Zuerst wirst du deine Gefühle bemerken. Es gefällt dir oder du ärgerst dich. Dann überprüfe genau, was kurze Zeit vorher geschehen ist, was du gesehen hast und wie du es bewertet. Beim nächsten Mal versuche genau mitzubekommen, wie du bewertest und ver-

arbeitest. Also bereite dich vor, lege den Brief bis morgen zur Seite und versuche, genau zu beobachten, wie dein Gehirn es macht, wie du dich fühlst und wie du reagierst. Es dauert einige Zeit, aber es funktioniert. Probiere es aus und lies erst morgen weiter.

Brief für den nächsten Tag
Du hast bestimmt gemerkt, dass es diesen kleinen Augenblick gibt, der alles entscheidet. Du solltest diese Übung noch einige Tage machen, bis du viele dieser Punkte bemerkst und kennst. Es darf kein Zufall mehr sein, du musst die wichtigen Punkte sicher erkennen. Sie sind so etwas wie eine fruchtbare Quelle. Von ihr aus wird alles weiterfließen und du bestimmst die Richtung. Wenn du es lernst, entscheidest du, ob du dich aufregst, also wie viel Stress entsteht, die Art und Qualität der Gefühle und die Wege für weitere Reaktionen und vieles andere. Mit der gezielten Bearbeitung werden vielfältige Verbesserungen möglich. Möglicherweise hast du kurz nach diesen Momenten gemerkt, dass du etwas fühlst. Du hast vielleicht gemerkt, dass du unsicher oder wütend wurdest, dass du dich gefreut oder Angst bekommen hast. Das ist alles normal. Du wirst dann auch gesucht haben, wer das ausgelöst hat, wer dich ärgert oder ängstigt. Wer es ist, der nett zu dir ist. Das genau ist der zweite Erkenntnisschritt. Wir Menschen machen das so! Wir suchen einen Verursacher. Du verbindest dann das Gefühl mit der herausgefundenen Person. Schau sie dir genau an. Will sie dich wirklich ärgern? Oder ist sie an ihrem eigenen wichtigen Geheimnispunkt vorbeigeeilt, hat ihn nicht bemerkt und beschäftigt sich nun nur mit sich, mit ihrem eigenen Ärger, mit

ihrer Angst? Will sie vielleicht nur allen zeigen, dass es ihr gerade nicht gut geht? Eine schöne, menschliche Reaktion könnte dann sein: „Dir geht's nicht gut? Kann ich irgendetwas tun, damit es dir besser geht?" Du solltest alles nicht auf dich beziehen, nicht bewerten und dich unnötig ärgern, sondern du solltest dich um den anderen kümmern.

Aber beginne die nächsten Tage zunächst noch einmal damit, als erstes dich selbst genauer zu beobachten und zu erkennen. Von dieser abgesicherten Basis kannst du dann besser fruchtbringende Schritte unternehmen. Eine oft vorgeschlagene Methode besteht darin, über dein Leben nachzudenken, zu analysieren, zurückzublicken, um dann festzustellen, wie du bist und warum das so ist. Diese Methode kann durchaus gute Früchte tragen, wenn sie von einem Therapeuten oder Helfer begleitet wird. Für dich allein, also als Selbstkonzept, ist sie viel weniger geeignet, weil dein Gedächtnis nicht objektiv funktioniert, deine Psyche nicht jeden Weg gehen und nicht jede Erkenntnis zulassen wird. Das Ergebnis wird nicht stimmen und wird deshalb auch keine fehlerlose Ausgangsbasis für Veränderungen ergeben. Trotzdem ist es möglich, selbst daran zu arbeiten. Es müssen nur die vielen Fehlerquellen weitgehend ausgeblendet werden. Dazu eignet sich eine Selbstreflektion, die sich nur auf das momentane Erleben, auf deine Gefühle konzentriert.

Also erkenne dich selbst! „Wenn du bei dir ein Gefühl bemerkst, also sobald es entsteht, ist es durch Vergleiche, Gedanken und Gedächtnis noch nicht (wesentlich) verzerrt. Genau in diesem Moment kannst du Gefühle als Signale für Vorlieben und

Abneigungen erkennen, so wie die Natur sie eingerichtet hat."[60] Ein kurzer Augenblick genügt, um sich die Emotionen bewusst zu machen.

Wenn du das häufig machst, wirst du erkennen, dass es immer sehr ähnlich ist. Es sind immer vergleichbare Situationen, in denen du im ersten Moment so oder so fühlst. Wenn du es also häufig machst, wirst du gute Kenntnis über deine Reaktionsweisen erwerben. Du wirst sehr viel leichter und genauer erkennen: So reagiere ich, das tut mit gut und das nicht, so bin ich anscheinend. Wenn du das fehlerloser und genauer machen möchtest, solltest du ein Tagebuch führen oder ähnliche Aufzeichnungen machen. Wie gesagt, es funktioniert nur mit einiger Disziplin, man muss es machen und nicht nur darüber nachdenken. Mit solchen Notizen kannst du dann recht verlässlich feststellen, auf welche Dinge und Verhaltensweisen du in welcher Art und Stärke reagierst, was du brauchst und auf was du gerne verzichten möchtest. Obwohl es sehr persönlich ist, solltest du schriftlich arbeiten und eine Art Tabelle anlegen und über die Zeit viel sammeln. Du kannst auch gerne mit mir darüber sprechen, wenn du das möchtest.

Erst wenn du genug gesammelt hast, kannst du nach dem Warum fragen. Warum kann ich das eine nicht gut haben? Warum tut mir das andere gut? Was kann ich unternehmen, damit es mir besser geht, mehr gute Situationen entstehen? Was kann

---

[60] Z.B. Stefan Klein: Die Glücksformel oder wie die guten Gefühle entstehen, Reinbek bei Hamburg 2002, S. 236, Klammervermerk hinzugefügt

ich machen, um die negativen in ihrer Wirkung zu handhaben oder sie gar zu vermeiden? Aber Achtung! Hüte dich davor, es als schlecht zu finden, wie du bist. Du bist in Ordnung so wie du bist, nur manche Verhaltensweisen sind möglicherweise für andere ein Problem. Beobachte, wie sie auf dich reagieren und sprich sie an, sag z. B: „Mein Verhalten gefällt dir nicht." Sprich darüber und achte die Andersartigkeit des anderen. Der ist nämlich genauso ok wie du selbst.

Bei wohltuenden Gefühlen verstärkt sich die positive Wirkung, wenn du sie bewusst wahrnimmst. Wenn du sagst: „Das tut mir gut", bleiben sie etwas länger erhalten und dein Gedächtnis erinnert sich später leichter daran. Damit werden sich deine Befindlichkeit und langfristig auch deine Gesundheit verbessern. Wenn du alles schon gut hinbekommst, kannst du praktisch anfangen, einen weiteren Schritt machen, um mehr Glück und Gelassenheit herzustellen.

Es genügt dabei nämlich nicht, glücklich zu sein, man muss sein Glück auch wahrnehmen, pflegen und vermehren.[61] *Wir vernachlässigen oft unsere angenehmen Empfindungen. Das hat biologisch auch einen vernünftigen Grund. Wenn zum Beispiel ein positiver Gedanke und gleichzeitig ein negativer auftauchen, was ja durchaus recht häufig vorkommt, werden wir uns mit dem negativen beschäftigen. Er enthält in der Regel für uns nachteilige oder gefähr-*

---

[61]Ebenda, S. 475–480. Sinngemäß auch Matthieu Ricard: Glück, München 2007

liche Dinge, die es zu bearbeiten gilt. Das hat immer Vorrang, weil es ein Überlebensvorteil ist und die Genfitness erhöht. Das hat die Natur so eingerichtet. So gesehen scheinen wir nicht auf dieser Welt zu leben, um glücklich zu sein, sondern unser Leben möglichst schadlos zu meistern.
Praktisch heißt das: Du bist deines Glückes Schmied, du musst dich nur mehr auf die glücklichen Gedanken konzentrieren und sie länger festhalten. Deshalb stell dein Glück selbst her! Koste deine positiven Gefühle aus, mache dir bewusst, wie schön es gerade ist, suche vermehrt solche Situationen auf und tue etwas, die Bilanz in der Wahrnehmung zu Gunsten des Glücks zu verschieben. Es wird sich lohnen, andere werden es merken und auch mehr Freude mit dir empfinden. Ohne dass du mehr Geld zur Verfügung hast, ohne dass deine Umwelt sich verändert, wirst du in vielen kleinen Stufen glücklicher. Das ist kein billiger Trick, du machst dir nichts vor, du nimmst nur die Realität anders wahr. Bedenke, Primaten können sich nicht über eine Blume oder über einen Sonnenuntergang freuen. Wir haben vermutlich als einziges Lebewesen auf dem Planeten die Fähigkeit, den Vorrang der gefährlichen und bedrohenden Reize abzuschwächen und uns ganz bewusst für das Glück zu entscheiden, gegen schlechte Gefühle, Wut und Gewalt. Wer religiös ist, kann sich fragen, ob diese schöne Gabe nicht einen Sinn hat und eine Art Verpflichtung für eine konstruktive Nutzung enthält.
Mache doch einen Versuch. Wenn du das nächste Mal spazieren gehst, nimm dir vor, für circa zehn Minuten nicht zu reden, sondern nur Positives wahrzunehmen und einen kleinen Moment dabei zu

verweilen. Du wirst erstaunt sein, wie gut deine Stimmung dann sein wird.

Nebenbei reduzierst du damit Stress und ermöglichst wohl abgestimmte Reaktionen, die zuvor so nicht möglich gewesen sind. Du kannst in ärgerlichen Situationen ruhig bleiben und musst nicht wütend werden. Das ergibt dann auch weniger Aggression und Gewalt. Wenn du zum Beispiel aktuell bemerkst, dass du wütend wirst und dir dann sagst: „Aha, ich werde jetzt sauer!", wird der Anstieg viel schwächer ausfallen, es wird leichter, einen kühlen Kopf zu bewahren. Die Mitmenschen werden staunen, wie verträglich und gelassen du mit ihnen umgehen kannst. Hier schließe ich erst einmal. Ich hoffe, du kannst etwas damit anfangen. Ich warte und würde mich sehr freuen, wenn du mir etwas schreibst.

Nach zwei Wochen kam ein Brief. Anna antwortete sofort und freute sich sehr.

*Liebe Mara,
du hast über deine Fortschritte geschrieben. Das hat mich sehr tief bewegt und sehr gefreut. Deshalb traue ich mich, dir noch etwas zu schreiben. Decke die unglücklich machenden Gedankenketten weiterhin auf! Du hast ja schon einige Unterlagen darüber. Wie du weißt, denken wir in Sprache. So entstehen Monologe, die sich häufig wiederholen. Das Gehirn kennt sie bald gut, es reicht der Anfang und schon spult sich die Gedankenkette bis zum Schluss ab. Das geht nach einiger Zeit reflexhaft. Unabhängig davon, ob es überhaupt stimmt, wird es als real empfunden. Die dazugehörigen Gefühle werden*

aufgerufen und wirken dann noch viel länger nach. Das ist dann eine Anleitung zum Unglücklichsein. Für eine begrenzte Zeit kann es deshalb sinnvoll sein, solche automatischen Gedanken zu notieren. Du denkst z.B. „Das wird wieder ohne wirkliches Ergebnis enden, alle werden sich selbst darstellen, ohne sich zuzuhören usw." oder „Der Chef ist wieder, ohne mich anzusehen, durch den Raum gegangen. Ist ja klar, mit mir will er nichts zu tun haben, er hat ja seine Lieblinge" usw. Genau diese Gedanken solltest du bemerken, sofort aufschreiben und sammeln. Es ist nämlich offensichtlich, Selbstzweifel, Vorwürfe, Stimmungsverschlechterung werden folgen, du wirst traurig sein und alles wird sich noch weiter verschlimmern. Auch darüber kannst du kleine Notizen anlegen. Der nächste Vorfall wird dich noch weiter runterziehen. Deshalb halte möglichst häufig inne bei den ersten erkannten Sätzen und bearbeite die Situation möglichst einige Male schriftlich. Tausche die Sätze aus. Sehr hilfreich kann es für dich sein, einen Vertrauten hinzuzuziehen, die Relativierung zusammen zu bearbeiten[62], heimliche Zeichen zu vereinbaren und häufig darüber zu sprechen. So könntest du z.B. deine Gedanken relativieren:

Der Chef hat mich nicht angesehen!
In: Häufig sieht er andere auch nicht an. Gestern hat er mich aber angesprochen.

Er kommt mit mir nicht gut klar.

---

[62] Sinngemäß Stefan Klein: Die Glücksformel, Reinbeck, 2002, S. 217

In: Bis jetzt hat er das aber nicht gesagt, außerdem kann er ja auch nicht mit jedem gleichgut auskommen. Ich muss auch nicht mit jedem befreundet sein.

Es ist klar, ohne gründliche Arbeit und einige Mühe geht es dabei nicht. Erhebliche Verbesserungen sind aber möglich. Schon die kleinsten Veränderungen werden auch von den anderen bemerkt. Eine positive Spirale kommt in Gang. Wenn du das mehrere Male gemacht hast, kannst du es auch in Gedanken machen. Das wirkt dann genauso positiv.

Führe am besten ein Tagebuch des Glücks und der Gewaltfreiheit! Therapeuten wissen, dass viele Menschen positive und glückliche Momente nicht richtig zulassen, sie ausblenden und relativieren. Sie sagt z.B.: „Ja, jetzt geht es. Aber was ist morgen?" oder „Das ist eine seltene Ausnahme …" oder „Das macht er ja nur, weil er sich davon etwas verspricht."
Du musst lernen, Glück zu bemerken und zuzulassen. Trage einen kleinen Block bei dir, mache dir über den Tag verteilt Notizen und sammele die kurzen Augenblicke der Zufriedenheit oder des Glücks, z.B. wenn du eine Arbeit abgeschlossen hast, in einer entspannenden Pause, wenn du etwas Schönes gesehen oder gehört hast usw. Es reicht ein Wort für die Situation und ein Wort für das Gefühl. Um in das System zu kommen, kannst du auch für die erste Zeit feste Zeitpunkte nutzen (beispielsweise in Pausen) und dich gründlich zurückbesinnen: „Was war gut in dem letzten Zeitabschnitt?" Für den Anfang kann auch eine feste Regel hilfreich sein. Du könntest nach Ablauf jeder Stunde kurz innezu-

halten und zurückzublicken. Schreibe so genau wie möglich auf, welche Situationen und welche Gefühle vorhanden waren. Psychiater[63] empfehlen das Wohlbefinden in Prozent einzuschätzen und zu notieren. So kannst du sehr anschaulich Ausprägungen und Veränderungen beobachten. Hier ist es allerdings, wie schon gesagt, wie bei einer Zahnbürste. Der Kauf hilft wenig, erst wenn du sie benutzt, tritt Positives ein. Also machen, Disziplin einhalten, auch wenn es anfänglich etwas umständlich erscheint! Das Gehirn kann angesichts des Aufgeschriebenen nicht mehr relativieren und verharmlosen. Nach gar nicht langer Zeit verschiebt sich die Wahrnehmung, die Befindlichkeit wird besser und alles erscheint freundlicher und zufriedenstellender. Ein zweiter Effekt tritt dadurch ein, dass Fehlurteile aufgedeckt und revidiert werden können. Zusätzlich tritt beinahe automatisch die Erkenntnis hinzu, welche Situationen dir gut tun und welche weniger. Jetzt bleibt nur noch, den Alltag daraufhin zu verändern und das Wohlbefinden zu vermehren. Auch hier gilt: machen, aktiv werden, nicht nur aufschreiben oder erleiden. Zufriedenheit, Glück und Gewaltfreiheit sind, neben der Fähigkeit sie zu bemerken, Mosaike, die sich aus vielen Einzelheiten zusammensetzen. Vermeide dann die Dinge, die dir nicht gut tun, und suche die, von denen du weißt, dass sie gut für dich sind. Andere werden auch davon profitieren.
Anna schreibt einen dritten Brief.

---

[63] Giovanni A. Fava: Well-being therapy, Psychological Medicine, 28, 1998.

Liebe Mara,
seit dem letzten Brief sind einige Monate vergangen. Du hast mir beim letzten Familienfest erzählt, was du für Veränderungen hinbekommen hast. Du machst jetzt eine Ausbildung und bist sehr angestrengt und gestresst. Deshalb möchte ich dir zu Stress etwas schreiben. Die wichtigsten Dinge kannst du schon, den wichtigen Moment kennst du schon. Jetzt benötigst du nur noch eine Kleinigkeit. Du musst den gleichen Moment nehmen, den du schon gut kennst, ihn noch einmal nutzen und aufpassen, welche Sätze du denkst. Die meisten Sätze, die du unter Belastung denkst, sind nämlich für dich schädlich und hinderlich.
„Was ist das wieder für ein Stress!" „Jetzt reicht es aber." „Jetzt komme ich bestimmt zu spät." „Das wird wieder nicht rechtzeitig fertig." usw. All diese Sätze verschlimmern die Situation und regen dich noch mehr auf, weil sie bewerten und verschlimmern. Warum solltest du sie also denken, warum solltest du dir selbst Schwierigkeiten machen? Also zwinge dich, andere Sätze zu formulieren. Denke daran, jeder Gedanke fällt zuerst in dein Spielfeld. Also behindere dich nicht. Beginne immer mit: „Stopp!" Wenn du hochgehst, schadest du dir selbst, also denke: „Die Schranke geht nicht hoch, wenn ich hochgehe!", „Was ist im Moment gefährdet? Bestehen Gefahren für meine Gesundheit, für mein Leben?", „Stopp, das bringt nichts! Ist doch klar, dass dich das hier jetzt stresst! Das geht vorbei." Solche Sätze reduzieren die Aufregung, und du bleibst handlungsfähig. Das geht sogar in einer Prüfung. Du wirst weniger Fehler machen, weniger aggressiv und verärgert sein. Die Mitmenschen werden das merken, ebenso wie die Veränderun-

gen, die du schon geschafft hast. Wenn du nur einen von solchen Sätzen in den Anfängen von Stress denkst, wird deine Organreaktion unglaublich viel geringer ausfallen.

Also versuche jeden Tag mindestens einen aufkommenden Gedanken sofort zu erfassen. Beobachte, wenn es auch nur ein kurzer Moment ist, wie er sich bildet und präsent wird, sich strukturiert und abbildet, welche Bilder und Gefühle er auslöst. Versuche, auf jeden Fall die aufkommende Bewertung zu stoppen. Gelingt es dir nach einiger Zeit schon recht gut, schließe bei mindestens einer Situation pro Tag an mit einer Relativierung der Situation: „So ist es jetzt in mir. Was geht in dem anderen vor? Was empfindet er gerade? Wie sieht er die Situation? Was ist ihm wichtig? Was braucht er im Moment?" Dann hast du eine große Hürde genommen. Der weitere Weg wird unendlich viel leichter werden und sich verselbstständigen.

Zur Not beschrifte eine Karteikarte und klemme sie auf deinen Lenker oder ans Telefon. Hauptsache ist, du machst es. Nach einiger Zeit wird es plötzlich von allein gehen. Deine Psyche wird merken, dass das viel besser ist und von allein anfangen, alles zu verfeinern. Dann hast du es geschafft. Du wirst sehen, die Menschen merken es, dass du viel verträglicher, weniger aufgeregt, viel kompetenter wirkst. Ich freue mich schon auf deine Erlebnisse und warte auf einige Worte von dir.

Anna antwortet auf Maras Brief.
Liebe Mara,
du hast geschrieben, dass manche Gefühle so stark sind, dass sie so schnell kommen, dass sie dich förmlich überschwemmen. Du hast das Gefühl, zu

wenig Zeit zu haben. Du hast recht, das trifft für sehr viele Menschen so zu. Ich habe ja auch nicht gesagt, dass es leicht ist. Dann würden es alle kennen und beherrschen, und es wäre nichts Besonderes. Es handelt sich hier um eine hohe Kunstfertigkeit, die wie jede Kunst lange geübt werden muss, weil es mit Können zu tun hat. Sehr nützlich ist dann natürlich noch eine taugliche Strategie. Vergleiche es einmal mit einem Feuerwehrmann, der den Auftrag hat, ein sehr brandgefährdetes Waldgebiet zu bewachen. Was wird der tun? Er wird sehr wachsam sein und auch Wasser zum Löschen bereithalten. Denn der erste Funken ist es, der die Katastrophe auslösen wird. Was tut er also? Er wartet mit extrem großer Wachsamkeit auf den ersten Funken, den er dann sofort löschen kann. Das Ergebnis ist keine Katastrophe – nur Aufmerksamkeit und Anstrengung über eine längere Zeit.[64] Genauso verhält es sich mit Gedanken und Gefühlen. Das erste Aufkommen, der erste Funke sollte beobachtet, festgestellt und nur nüchtern konstatiert werden, ohne ihn zu bewerten. Das verhindert Wut, Aufregung und Stress in so erheblichem Maße, dass der Rest leicht beherrscht werden kann. Es ist allerdings anstrengend. Ist es für dich zu viel, dann überprüfe, ob es nicht für bestimmte Tageszeiten möglich ist, also nicht für den ganzen Tag, sondern nur in der Schule oder am Abend oder eine bestimmte Stunde. Dann wird es bestimmt klappen. Machst du es über eine längere Zeit, so wird es langsam weniger anstrengend, und in dir entsteht mehr Wärme und Liebe, die du weitergeben kannst.

---

[64] Beispiel geschildert bei Matthieu Ricard: Glück, München 2007

Anna hat viele schöne und erfüllende Gelegenheiten, mit den Enkelkindern zu sprechen. Anfänglich ist sie verwundert, wie langsam und umständlich sich kleine Veränderungen bilden und auch darüber, wie schnell ihren Enkeln manchmal die Lust vergeht. Dann aber klappt es plötzlich in einer Geschwindigkeit, die sie von Erwachsenen nicht kennt. Da hatte sie selbst sich um ein Vielfaches mehr anstrengen müssen. Sie will gerade deswegen ärgerlich werden, aber die eingeübten Verarbeitungsschritte stoppen sie sofort. Zum Schluss kann sie sich aus vollem Herzen freuen, dass ihre Enkelkinder es so gut hinbekamen. Das ist schon große Klasse!
Es vergehen einige Monate voller schöner Beobachtungen und Erlebnisse. Unzählige Male freut sich Anna über die Kompetenzen, die die Kinder bei Streitfällen oder anderen Problemen an den Tag legen. Sie spricht mehrmals mit Hans und auch mit ihren Kindern. Alle sind sich einig, dass es außergewöhnlich gut ist. Hinzu kommt, dass den Kindern das gar nicht bewusst ist, die machen es einfach. Die lobenden Verstärkungen der Erwachsenen nehmen sie anfänglich gern entgegen, nach einigen Wochen irritiert es sie eher und löst Unverständnis aus. Sie machen es einfach. Für die Erwachsenen ist es nach wie vor immer noch Anstrengung.
So vergehen die Monate. Carlos studiert mittlerweile Sozialpädagogik in der Nachbarstadt. Er und Anna unterhalten sich häufig über die anstehenden Themen des Studiums. Carlos ist häufig beeindruckt, wie viel Wissen in Anna steckt. Die Zuneigung verändert sich langsam aber sicher in eine tiefe Achtung vor der Erfahrung und Kenntnis der Großmutter. Deshalb ist es nicht verwunderlich, dass auch private Probleme mit dem anderen Geschlecht oder mit den

Dozenten ausführlich diskutiert werden. Eines Tages bringt Carlos einen Brief mit, der an der Uni verteilt wurde und der ihn stark trifft. Er bittet Anna um Rat.

Brief eines unbekannten Studenten
Bitte höre, was ich nicht sage! Lass dich nicht von mir narren. Lass dich nicht durch das Gesicht täuschen, das ich mache. Denn ich trage tausend Masken - Masken, die ich fürchte abzulegen. Und keine davon bin ich. So tun als ob ist eine Kunst, die mir zur zweiten Natur wurde. Aber lass Dich dadurch nicht täuschen, um Gottes willen, lass Dich nicht von mir narren.
Ich mache den Eindruck, als sei ich umgänglich, als sei alles sonnig und heiter in mir, innen wie außen, als sei mein Name Vertrauen und mein Spiel Kühle, als sei ich ein stilles Wasser und als könne ich über alles bestimmen, so als brauchte ich niemanden. Aber glaub mir nicht, bitte, glaub mir nicht! Mein Äußeres mag sicher erscheinen, aber es ist meine Maske. Darunter ist nichts Entsprechendes. Darunter bin ich, wie ich wirklich bin: verwirrt, in Furcht und alleine. Aber ich verberge das. Ich möchte nicht, dass es irgendjemand merkt. Beim bloßen Gedanken an meine Schwächen bekomme ich Panik und fürchte mich davor, mich anderen überhaupt auszusetzen. Gerade deshalb erfinde ich verzweifelt Masken, hinter denen ich mich verbergen kann: eine lässige, kluge Fassade, die mir hilft, etwas vorzutäuschen, die mich vor dem wissenden Blick sichert, der mich erkennen würde.
Dabei wäre dieser Blick gerade meine Rettung; Und ich weiß es. Wenn er verbunden wäre mit Angenommen werden, mit *Liebe*. Das ist das einzige, das mir die Sicherheit geben würde, die ich mir selbst

nicht geben kann: dass ich wirklich etwas wert bin. Aber das sage ich Dir nicht. Ich wage es nicht. Ich habe Angst davor. Ich habe Angst, dass Dein Blick nicht von *Annahme und Liebe* begleitet wird. Ich befürchte, Du wirst gering von mir denken und über mich lachen - und Dein Lachen würde mich umbringen. Ich habe Angst, dass ich tief drinnen in mir selbst nichts bin, nichts wert, und dass Du das siehst und mich abweisen wirst.

So spiele ich mein Spiel, mein verzweifeltes Spiel: eine sichere Fassade außen und ein zitterndes Kind innen. Ich rede daher im gängigen Ton oberflächlichen Geschwätzes. Ich erzähle Dir alles, was wirklich nichts ist, und nichts von alledem, was wirklich ist, was in mir schreit; deshalb lass Dich nicht täuschen von dem was ich aus Gewohnheit rede.

Bitte höre sorgfältig hin und versuche zu hören, was ich *nicht* sage, was ich gerne sagen möchte, was ich um des Überlebens willen rede und was ich nicht sagen kann. Ich verabscheue Versteckspiel. Ehrlich! Ich verabscheue dieses oberflächliche Spiel, das ich da aufführe. Es ist ein unechtes Spiel. Ich möchte wirklich echt und spontan sein können, einfach ich selbst, aber Du musst mir helfen. Du musst Deine Hand ausstrecken, selbst wenn es gerade das letzte zu sein scheint, was ich mir wünsche. Nur Du kannst diesen leeren, toten Glanz von meinen Augen nehmen. Nur Du kannst mich zum Leben rufen. Jedes Mal, wenn Du freundlich und sanft bist und mir Mut machst, jedes Mal, wenn Du zu verstehen versuchst, weil Du Dich wirklich um mich sorgst, bekommt mein Herz Flügel - sehr kleine Flügel, sehr brüchige Schwingen, aber Flügel!

Dein Gespür, Dein Mitgefühl und die Kraft deines Verstehens hauchen mir Leben ein. Ich möchte, dass Du das weißt. Ich möchte, dass Du weißt, wie wichtig Du für mich bist, wie sehr Du aus mir den Menschen machen kannst, der ich wirklich bin - wenn Du willst. Bitte, ich wünschte, Du wolltest es. Du allein kannst die Wand niederreißen, hinter der ich zittere. Du allein kannst mir die Maske abnehmen. Du allein kannst mich aus meiner Schattenwelt, aus Angst und Unsicherheit befreien - aus meiner Einsamkeit. Übersieh mich nicht. Bitte - bitte, übergeh mich nicht! Es wird nicht leicht für Dich sein.

Die lang andauernde Überzeugung, wertlos zu sein, schafft dicke Mauern. Je näher Du mir kommst, desto blinder schlage ich zurück. Ich wehre mich gegen das, wonach ich schreie. Aber man hat mir gesagt, dass Liebe stärker sei als jeder Schutzwall und darin liegt meine Hoffnung. Bitte versuche diese Mauern einzureißen mit sicheren Händen aber mit zarten Händen: ein Kind ist sehr empfindsam[65].

Carlos zeigt sich tief bewegt und kann nicht glauben, dass Menschen so empfinden können. Als Anna ihm vorsichtig näherbringt, dass das vermutlich für die meisten Menschen so zutrifft, ist Carlos außer sich. Tränen treten in seine Augen, und es dauert über ein Stunde, bis alles in den richtigen Zusammenhang gebracht ist und die Stimmung sich wieder bessert.

---

[65] Unbekannter Autor

Sie sprechen an anderen Tagen noch viele Male darüber. Erträglich wird es erst, als Carlos erkennt, dass man andere Menschen so ohne weiteres gar nicht wirklich wahrnehmen und schon gar nicht verstehen <u>kann</u>, dass man sich immer zuerst nur selbst wahrnimmt. „Wenn dir jemand die Hand auf die Schulter legt, dann weißt du zwar, dass das dein Freund ist, aber wahrnehmen kannst du nur die eigenen Druck- und Wärmesensoren deiner Schulter, nicht die Hand deines Freundes, obwohl alle Menschen das zunächst glauben. Die Sensoren melden an das Gehirn: Da drückt was, ist warm und hat eine merkwürdige Konsistenz. Dem Gehirn ist dann klar: Dein Freund fasst dich an. Aber du nimmst nicht ihn, sondern nur dich wahr. Genau so ist es, wenn du jemanden anfasst. Nur deine Hand meldet an dein Gehirn: Da ist etwas Warmes, Weiches usw. Mit der Sprache ist das genauso. Wenn dir jemand etwas von seiner Schwiegermutter erzählen will, dann sieht er ein Bild von ihr und hat das entsprechende Gefühle dazu. Dann nutzt er Worte und Grammatik, um dir das mitzuteilen. Schon beim Wort „Schwiegermutter" siehst du sofort deine eigene und nicht seine Schwiegermutter und hast die dazu passenden Gefühle zu deiner Schwiegermutter, nicht die Gefühle des Sprechers. So kann es vorkommen, dass der Sprecher negativ empfindet, der Zuhörer aber positiv, weil jeder nur seine Quellen im Gehirn hat, und beide zwei verschiedene Frauen sehen. Hinzu kommt noch, dass sofort nach dem ersten Erkennen (hier: „Aha, Schwiegermutter") die allermeisten Zuhörer nicht mehr zuhören, sondern sich mit eigenen Überlegungen beschäftigen und sagen möchten, was in ihnen gerade vorgeht (z.B. „Ja genau wie meine, *die macht immer...").* So funktioniert Zuhören natürlich nicht.

Carlos ist zunächst etwas ungehalten. So schlimm kann das doch nicht sein, das würde doch auffallen. Aber zumindest würde es den Brief einigermaßen erklären.
Sie diskutieren noch einige Beispiele. Anna fragt, weil das Gespräch zu viel für Carlos gesprochene Wort wurde, ob sie ihm darüber noch einen kleinen Brief schreiben solle. Carlos nickt freudig: „Dann sprechen wir darüber, wenn wir uns das nächste Mal sehen."
Anna setzt sich am Wochenende hin und schreibt:

Lieber Carlos,
jetzt ist es an der Zeit, dir ein weiteres Geheimnis anzuvertrauen, das Geheimnis guter menschlicher Kommunikation. Es ist deshalb ein Geheimnis, weil es nur wenige Menschen kennen und noch weniger benutzen, obwohl sie es alle könnten. Das ist eigentlich sehr unverständlich, unsinnig und auch sehr traurig. Unsere alltägliche Kommunikation ist, wie manche sagen, das Wissenschaftsgebiet des Missverständnisses. In der Tat gibt es sehr viel mehr Möglichkeiten sich miss zu verstehen als wirkliche Verständigung herzustellen. Das fällt wenig und selten auf, weil nahezu alle das gleiche machen. Wie du weißt, kann man nur das sehen, was man kennt. Ich will dir deshalb etwas Neues zeigen. Wenn du davon etwas umsetzt, wird eine völlig neue Qualität in deinem Leben entstehen. Du kannst den darin wohnenden Problemen am besten damit begegnen, dass du bereit bist, zusätzliche Kompetenzen zu erlernen, wie ich es dir

schon einmal gezeigt habe. Du kannst lernen, Missverständnisse wesentlich zu verringern und wirkliches Verständnis herzustellen. Es ist vergleichbar mit der Kunst, gut Klavier zu spielen, viel zu üben und alle Tasten harmonisch zu nutzen. Man kann im wahrsten Sinne dann mit den gelernten Einzelheiten spielen, sie benutzen, aneinanderreihen, Pausen machen, wieder einsetzen, dem anderen ein Solo vorbereiten oder, wenn es passt, auch nur herum klimpern. Ich kann dir sicher vorhersagen, dass sich alle deine Beziehungen verbessern werden. Allgemein kann man auch mit einiger Sicherheit schon heute sagen, dass eine verbesserte soziale Kommunikationskompetenz eine wichtige Voraussetzung für eine menschlichere Gesellschaft und Gewaltlosigkeit sein wird. Ohne jetzt zu viele Seiten zu füllen, will ich einige zu verändernde Grundfehler und auch Lösungen ansprechen und schicke dir dazu zwei Seiten aus einem Buch[66].

Man kann vereinfacht Lebenssachverhalte in drei Gruppen einteilen:
1. Es kommt jemand, der ein Problem hat.
2. Ich selbst habe ein Problem.
3. Parteien haben miteinander Probleme.
Um zu erkennen, wie wichtig eine Verbesserung der Kommunikationskompetenz sein wird, schauen wir einen Moment darauf, was sinnvoll in den einzelnen Gruppen sein könnte und was in unserer Gesellschaft zurzeit tatsächlich gemacht wird.

Gruppe 1: Jemand hat ein Problem. *Was ist zu tun?*

---

[66] Glück finden, 2010, Bod

Na klar, zuhören! Psychologen werden das ein wenig ergänzen und sagen: Den Menschen mit seinem Problem annehmen!
Was tun wir in der Bevölkerung tatsächlich?
Wir hören circa einem halben Satz zu, du erinnerst dich an das Beispiel mit der Schwiegermutter? Dann fangen wir an, über uns zu erzählen: „Ja, ja, genau wie bei meiner Schwiegermutter, die macht z.B. Folgendes …" Diese Unart ist so extrem stark vertreten, dass nach verschiedenen Untersuchungen in 70 bis 95 Prozent aller Fälle ein Missverständnis, eine Ablehnung des anderen und ein unpassender Unsinn eintritt. Und es wird bereits als normaler Ablauf empfunden.

***Gruppe 2: Ich habe ein Problem**. Was ist zu tun?*
Du wirst sicher sage: „Ich werde von meinem Problem sprechen." Psychologen würden auch hier ergänzen und sagen: „Rede ausschließlich über dich, über deine Gefühle und Gedanken."
Was tun wir in der Bevölkerung tatsächlich, obwohl wir die richtige Methode kennen? Wir reden über andere, was die gemacht haben, über Sachverhalte und das zu deutlich mehr als 90 Prozent aller Fälle, z.B.: „Stell dir vor, was Peter gestern gemacht hat, der spinnt doch wohl!"

***Gruppe 3: Parteien haben miteinander ein Problem.** Was ist zu tun?*
Natürlich muss das Problem gelöst werden.
Was tun wir in der Bevölkerung tatsächlich?
Wir verharren wechselseitig bei den Fehlern, die schon bei den ersten beiden Gruppen gemacht wurden, verstehen uns natürlich falsch, weil das so gar nicht gehen kann, verletzen und kränken uns

gegenseitig, fordern, schimpfen und befehlen. Wirklich gemeinsame Problemlösung kommt nur selten zur Anwendung, in der Regel dann, wenn Macht oder besondere Zuneigung zusätzlich im Spiel sind. Über längere Zeit tragfähig sind solche Lösungen naturgemäß nicht. Bald wird die Lösung mal vergessen oder konnte aus bestimmten Gründen nicht eingehalten werden. Problemlösung geht nur dann, wenn beiden klar ist, dass sie zusammen ein Problem haben. Solange nur einer das Problem empfindet und der andere nicht, wird es nicht gehen, Eine Mutter will z.B., dass die Tochter ihr Zimmer aufräumt, die Tochter will es nicht. Die Mutter kann nur immer wieder senden, wie in Fall 2 und hoffen oder verzweifeln. Wenn sie aber nicht schimpft, sondern nur sagt, dass sie sich so in ihrer Wohnung nicht wohl fühlt oder andere Dinge, die in ihr vorgehen, so kann es gelingen. Dir ist sofort klar, dass eine so schlechte Interaktionsqualität, wie sie überwiegend zurzeit ausgeübt wird, für gute Beziehungen und für ein gedeihliches Zusammenleben nicht ausreicht. Die alltägliche Praxis ist viel besser geeignet, Störungen, Missverständnisse und Gewalt auszulösen. Angepasste, symmetrische und menschengerechte Kommunikation ist erforderlich. Das ist aber ein eigenes und nicht gerade leichtes Unterfangen.[67]

Carlos, du kannst dir denken, es erfordert neben dem notwendigen Wissen viel Übung und diszipli-

---

[67] Gut lesbare Bücher darüber: Thomas Gordon: Familienkonferenz oder Managerkonferenz; Friedemann Schulz von Thun: Miteinander reden; Bambeck/Wolters: Jeder kann gewinnen; Rhode/Meis/Bongartz: Angriff ist die schlechteste Verteidigung und Marshall B. Rosenberg: Gewaltfreie Kommunikation. Eine Sprache des Lebens, und viele andere.

nierte Anwendung über einen längeren Zeitraum. Ich habe das auch mühsam erlernt, kann dir aber versprechen, dass sich die Anstrengung auf alle Fälle lohnt. Einen verwandten ähnlichen Weg kann man mit dem Erlernen von »gewaltfreier Kommunikation« (GFK) gehen. Wenn wir uns das nächste Mal sehen, kann ich dir darüber einige kleine Bücher geben. Wenn du Lust hast, können wir auch heimlich üben, wenn wir zusammen sind und mit den anderen darüber sprechen. Das wird bestimmt lustig – aber auf jeden Fall wirst du dich dadurch weiterentwickeln.

In den darauf folgenden Monaten nutzen Anna und Carlos einige Gelegenheiten bei Familienfeiern und anderen Treffen. Beide haben viel Spaß dabei. Sie vereinbaren geheime Zeichen. Die anderen sind häufig irritiert, murren auch manchmal, wollen aber nicht wissen, was sie da zusammen machen. Lieber schütteln sie die Köpfe.
Carlos erlernt alles schnell in guter Qualität und kann es in seinem neuen Beruf gut gebrauchen. Er ist erstaunt, welche Wirkung das alles hat. Auch die anderen Enkelkinder bekommen einiges mit und die verbesserte Kommunikation färbt langsam und unspektakulär auf alle ab. Es ist erstaunlich, wie unauffällig und leicht andere sich die wichtigsten Dinge abschauen und nachmachen, ohne genau zu wissen, was dahinter steckt. Es tut offensichtlich gut.
Nach ihren Ausbildungen verlassen Annas Enkelkinder die Heimatstadt und gründen eigene Familien. Es ist alles zum Besten geregelt, aber Anna leidet trotzdem darunter. Sie ist sehr dankbar für ihr erfülltes Leben, will aber lieber alle um sich haben. Etwas erleichtert wird die Entfernung durch häufige Anrufe und geschriebene Briefe. Sie hat sich wieder

angewöhnt, mit Papier und Stift und in alter Methode zu schreiben. Das kommt gut an, aber nur sehr selten kommen handgeschriebene Briefe zurück. Dafür aber unzählige Mails und Infos auf WhatsApp. Erleichterung bringt auch das Telefonieren mit Bild über Skype. Es ist aber nicht annähernd so schön und erfüllend wie wirkliche Kontakte, alles bleibt zu distanziert und fremd. Sie vereinbaren schließlich mehrere Termine im Jahr, an denen sie sich sehen. Da Anna nicht mehr bewertet, gelingt es ihr, nicht zu leiden, sondern aus vollem Herzen den anderen alles zu gönnen und sich mit ihnen zu freuen.

So vergehen die Jahre mit ausreichenden Kontakten und schönen Erlebnissen, bis die Enkel sie bitten, für die Gäste der nächste Familienfeier - es ist ihre eigene Goldene Hochzeit - einen Text auszuwählen, der wirklich mit ihrem Leben zu tun hat. Anna freut sich und beginnt zu suchen. Hans findet im Internet unzählige Texte, druckt die für ihn geeigneten aus und legt sie Anna auf den Schreibtisch. Doch Anna findet keinen Gefallen an den glatten und unechten Worten. Wochenlang überlegt sie, liest und legt wieder weg. Ein gefundener Gedanke trifft sie in ihrer Recherche: „Computer und Maschinen werden in der Zukunft alles besser können als der Mensch. Sie werden aber keine Empathie lernen können. Die Menschheit wird darum nur überleben, wenn sie ihre Empathiefähigkeit behält."[68] Ihr wird klar, dass der Text zukunftsweisend, nicht zu schwierig und trotzdem tiefgründig sein sollte. Wie kann man solche Lebensweisheiten in ein paar Sätzen zusammenfassen und das auch noch so, dass andere etwas da-

---

[68] Sinngemäß aus Interview mit Stephen Hawking

von haben? Sie schreibt selbst etwas. Das gefällt ihr aber auch nicht, zu lang. Ihre Ansprüche sind recht hoch. Es fehlt an Bedeutung und Schwere. Da entschließt sie sich, einen fremden Text zu nehmen, der schon mehrere hundert Jahre alt war. Sie will als Eröffnung darauf hinweisen, dass die Menschen schon immer sehr klug waren, dass sie aber leider häufig nicht die Möglichkeit hatten, ihre Weisheit zu nutzen. Dann will sie einen Appell anschließen, mehr auf die eigene Stimme zu hören und auf die Mitmenschen zu achten. Für jedes Familienmitglied rahmt sie das Blatt ein, für die anderen Gäste macht sie Fotokopien. Dort steht:

Gehe behutsam deinen Weg inmitten des Lärms und der Last dieser Welt und vergesse nie, welcher Frieden im Schweigen liegt.
Lebe, soweit das möglich ist und ohne dich selbst aufzugeben,
in guten Beziehungen zu anderen Menschen.
Verkünde deine Wahrheit ruhig und klar, höre auch anderen zu, sogar den Törichten und Unwissenden, denn auch sie haben ihre Geschichte.
Vermeide laute und aggressive Menschen,
denn sie bringen nur geistigen Verdruss.
Es ist möglich, dass du entweder stolz oder verbittert werden wirst,
wenn du dich mit anderen vergleichst,
denn immer wird es bedeutendere und unbedeutendere Menschen geben als dich selbst.
Freue dich des Erreichten genauso wie deiner Pläne,

sei aber auf jeden Fall demütig, sei du selbst.
Heuchle keine Zuneigung und spotte nicht über die Liebe.
Trage freundlich die Bürde der Jahre und gib mit Anmut alles auf,
was der Jugend zusteht.
Nähre die Kraft deines Geistes, um plötzlichen Unglück gegenüber gewachsen zu sein, denn viele Ängste entstehen aus Einsamkeit und Müdigkeit.
Neben einer heilsamen Disziplin sei freundlich zu dir selbst,
denn du bist ein Kind des Universums, nicht weniger als die Bäume und Sterne.
Du hast ein Recht darauf, hier zu sein.
Und die Kraft des Universums wird sich so entfalten, wie das sein muss,
ob dir das klar ist oder nicht.
Darum halte vor allem Frieden mit Gott,
was immer du dir auch unter ihm vorstellst.
Und was immer deine eigenen Wünsche, Pläne und Absichten auch sein mögen, halte Frieden mit deiner Seele in diesem lärmigen Durcheinander des Lebens,
denn mit all ihrem Schein, ihren Kümmernissen und zerbrochenen Träumen ist diese Welt dennoch wunderbar.
Sei vorsichtig, strebe danach, glücklich zu sein![69]

---

[69] INSCHRIFT DER ST. PAULS-CATHEDRALE ZU BALTIMORE (1692)

Anna lebt noch 11 Jahre mit allem zufrieden und ausgesöhnt, findet neben der Familie viel Freude in der Natur und in ihrem Garten. Sie stirbt in Dankbarkeit für ihr mühsames und schönes Leben im gleichen Jahr wie Hans. Alle haben das Gefühl, dass der Erde etwas Wichtiges genommen wurde, aber dass zum Ausgleich viel Neues und Gutes zurückbleibt. Die Welt ist jetzt wirklich anders.